常識を覆す
IAメソッド
英語速習法

英語を話す人になる！

川村悦郎
Etsuro
Kawamura

英語は、前置詞で話すもの

前置詞ユニットを使おう！

ヒカルランド

まえがき

　英語は、前置詞を使えるようになれば、自由に話せます。
「話す英語」をものにするカギ、それは前置詞です。

　英語は、前置詞に特化した言語です。「英語は SVO」だから、「**語順が固定した言語**」だよと、よくいわれますが、それは英語の半面しか言い当てていません。英語は、「**語順が自由な言語**」でもあるのです。忘れがちな英語のこの側面を意識化しないと、英語を自由に即興で話すという目的は、現実的な射程に入ってきません。

　ですから当然、本当に英語が「語順自由」といえるかどうか、それを確かめなければなりませんし、どうして英語が「語順自由」を実現しているのか、その理由も知らなければなりません。ここをいい加減にして先へ進むと、「話す」という目的地にたどりつくこともできなくなります。

　英語が「語順が自由な言語」である理由を考えると、「名詞」の「格」という概念に行き当たります。ですから、まずこの「格」という言葉を自分のものにしておくことが求められます。しかし、自分の中学時代、高校時代を思い出しても、一度とて、学校の先生から「格」という言葉が何を意味するのか、その説明を聞いた記憶がありません。それは今の教育においても同様ではないかと想像するのです。

　英語を話すカギは前置詞だと言いましたが、その前置詞は名詞との関係を無視して成立しない語です。そして名詞は、「格」を無視して理解できない言葉です。それなのに、英語の文法を学ぶとき、「格」という言葉の意味をきちんと教わらず、さらには前置詞と「格」との関係も教わらないとしたら、それは英文法を何も教わっていないのと同じことになります。日本中の若者が日々学校で学んでいる英文法には、実はたくさんの落とし穴があるのですが、「格」

の無理解は、その代表的な落とし穴でしょう。ですから、この穴がどれほど深くて広いのかを知っておくことは、英語レースで生き残る絶対条件であり、さらには、英語で勝利者になるための最良の Short cut（近道）でもあるのです。

名詞の「格」を生みだす前置詞

英語の語順を自由にしている秘密の力、それが前置詞です。英語は語順を自由に組み替えて話せるから、心を表現できるのです。つまり、英語を心の通う言葉にしている秘密、それが前置詞なのです。日本人なら誰もが自由に、日本語で自分の心や気持ちを表現できます。そして、日本語でそれを可能にしているのが助詞という言葉です。それにあたるのが英語では前置詞なのです。たとえば、

In the **morning**, I saw red flowers on the ground.
On the **ground**, I saw red flowers in the morning.

どうです？　何かが違いますよね。少なくとも語順の違いが、伝える人間の意図の違いを表現してくれています。最初に受けた印象がなんだったのか、最初に目に飛び込んできたのがなんだったのか、それが違うはずです。そして、morning という名詞と ground という名詞の働きを確定してくれているのが in という前置詞であり、on という前置詞であることにも気づきます。

Morning, I saw red flowers on the ground.
Ground, I saw red flowers in the morning.

こういう英語はあるでしょうか？　ありません。morning も ground も、文の中でどういう役目を果たしているのか、決められていないからです。morning は in と一体でなければ、赤い花を見た「時」であることがわかりませんし、ground も、on と一体でなければ、赤い花が咲いていた「場所」で

あることを確認できません。英語は語順が自由なのですが、その自由を根底で支えているのが in や on に代表される前置詞なのです。前置詞がなかったら、名詞の語順は自由に変えられません。変えても意味をもたないのです。

　実は、in the morning も on the ground も、in や on と一体であることによって「処格」であることが明示されています。だからこそ、文中で意味が確定しているのです。学校の英文法に「処格」という言葉は出てきませんが、出てこようがこなかろうが、in the morning も on the ground も時間あるいは空間の位置をあらわす「処格」であることは間違いないのです。これは、言語学の常識です。

　旧い印欧語の名詞では、各々の名詞が「格」をあらわすことができるように、単語の最後の部分の音が変化して、「朝という時間だよ」とか、「地面という場所だよ」とかの情報を発信していたのですが、次第に語末の音の変化が消えてゆきました。消えてゆくまでには非常に長い時間が流れるのですが、そこは、ここでははしょるしかありませんが、それじゃあ不便だということで発達してきたのが前置詞という語です。

　英語の morning には、「朝は」、「朝を」、「朝から」などの意味をあらわす機能は含まれていません。morning は「朝」でしかありません。しかし、英語のルーツはドイツ語であり、ドイツ語では「朝は」と、「朝を」の違いは「朝」という単語の中にふくまれていました。また冠詞からもそれはわかるようになっていました。そういう昔のドイツ語が今のオランダやデンマークあたりからブリテン島へ入っていって英語の原型つまり古英語といわれるものが古い時代のイギリスに根づくのですが、そこへ、ヴァイキングが北から襲撃してきます。そのヴァイキングが話していた古ノルド語の影響で、古英語の文法がズタズタにされてしまいます。

　そうこうしているうちに、今度はブリテン島全体がヨーロッパ大陸のノルマン人に征服されて、フランス語を話す人々に支配されてしまいます。そして、

なんと、英語の存在すら忘れ去られてしまうのです。しかもその間にも、英語の自己破壊はどんどん進行してゆきました。いつしか、支配者のノルマン人が、「オレたち、もうイギリス人だよね」と気づき、「だったら、フランス語じゃなく、英語をちゃんと使おうよ」ということになり、忘れ去られていた英語に目が向きはじめます。そうして英語の復興が始まるのですが、しかし、英語はすでにやっかいな言語に変貌していました。長い間放置されていたために、修理しても使えるかどうかわからないオンボロ自動車みたいになっていて、文法規則がズタズタに破壊され、言葉として役に立たなくなっていたのです。

　もともとは、「朝**は**」とか、「朝**を**」とか、一語で見分けのついた名詞が、「朝」だけになって、エンジンの部品なのか、ステアリングの一部なのか、見分けがつかなくなっていたからです。当時のイギリス人は長い間途方に暮れていたのですが、次第に突破口が見えてきました。当時、動詞を文の最初の部分で使う傾向が強まってきていたのです。その現実を利用して、「朝」を主語にしたい場合は動詞の前に置こう、「朝」を目的語にしたい場合は動詞の直後に置こう、そうすれば morning の後ろを変化させて morning**a** とか、morning**us** などと（これは単なる仮想です）「語末を変化させる必要がなくなるぞ！」「これはいい方法だ！」ということで、英語の語順固定のルールが生まれてきたのです。ですから、下のような英文は、すぐに意味がわかります。

Morning gives fresh air. → 動詞 gives の前だから morning は**主格**
朝**は**、新鮮な空気をくれる。

I love **morning**. → 動詞 love の後だから morning は**対格**
僕は、朝**を**好きだ。（日本語では朝**が**と訳しますが、それは日本語の「好きだ」が動詞ではないから）

「こりゃあ便利だ！」ということになりました。こうして、語末の音の変化を失った英語の名詞は復活の可能性をつかんだのです。まさに起死回生でした。同時に、この時点で、英語は「語順固定の言語」という性格も確立させました。

こういう変化は、実は、奇跡に近いような幸運だったのですが、幸運は危機や苦境の中にこそあるものらしいです（これは人間の生き方にもヒントを与えてくれます）。

　でもそのすぐあとに、まだ問題が残っていることがわかったのです。なぜなら、「朝にとか、朝からとか、朝によってとか、一体どうやって表現するの？」という疑問がわいたからです。ある人が言いました。「前置詞を使えばいいじゃん！」と。実は、壊れた英語が放置されていたころ、流れ込んできたフランス語やラテン語を通して、たくさんの前置詞が英語に影響を与えはじめていたのです。いえ、もともとのドイツ語の中にもたくさんの前置詞がありました。ですから、それらの前置詞にいきなり脚光が注がれるようになったのです。「お前ら、一肌脱いでくれるかな？」ということになったわけです。前置詞は答えました。Why not!（もちろん！）

　ということで、以下のような morning の活かし方の道がひらけたのです。**In** the morning はもう例を出しましたから、それ以外の例を出します。

　He drinks beer **from** the morning. → from と一体で下線部は**奪格**（だっかく）
　彼は、朝**から**、ビールを飲む。

　I was refreshed **by** the morning air. → by と一体で下線部は**具格**（ぐかく）
　僕は、朝の空気**で**、すっきりした。

　I like the air **of** the morning. → of と一体で下線部は**属格**（ぞっかく）
　僕は、朝**の**空気が好きだ。

　これが、SVO 以外の部分の名詞の使い方を可能にする英語の決定的な挽回策でした（英語の歴史については本シリーズの第 2 巻『ひっくり返せば、英語は話せる』にくわしく説明してあります）。いずれにしても、名詞の機能を回復させて、主語と目的語（対格）以外の部分で、語尾を失ったスッピンの名詞

を再活用する道を切りひらいてくれたのが前置詞だったわけです。ですから、英語の名詞は、SとOを除いた部分では、前置詞と一体でなければ文中で意味を発信できないのです。つまり、それほどに前置詞と名詞は、切っても切れない関係にあるのです。

　英語以外の印欧語を学ぶと、特にラテン語やサンスクリット語を学ぶと、与格とか、奪格とか、具格とか、処格などという言葉を必ず学ぶことになります。そして、これらの文法用語を知っていると、英文法の中にこれらの文法用語がなくても、英文の名詞には**属格**も、**与格**も、**対格**も、**奪格**も、**具格**も、**処格**もあるのだということが理解できるようになります。そして、英文の中の名詞が立体的な3次元空間の中で、前置詞の力を借りながら、縦横無尽の働きをしていることが理解できるようになるのです。

　そして、ここが大切なのですが、前置詞と一体化した名詞の使い方、つまり名詞をさまざまな格をもった語として意識できるようになると、口からバンバン、即興で英語を出してゆくこともできるようになります。しかも、自分の気持ちに合わせて、英語を「語順自由」の言語として、自由自在に使いこなす技が自分のものになるのです。たぶん、英語の理解が2次元平面的で無味乾燥なものから、3次元空間に飛躍した、「メタバース」の装置を頭に装着したときのようなワクワク感に満ちたものに変わります。

　英語が、おぼえた表現を使う言葉から、自分で表現をつくりだせる言葉に変わります。

　つまり、本書を血肉化することで、あなたの英語は、一気に飛躍します。約束します！

　さまざまな「格」の名称やその使い方に関しては、本文の中で行う予定です。

イメージとしての前置詞

　もう一点、前置詞で忘れてならないことがあります。それは**イメージ**です。前置詞は**イメージ**で使えるようにならないと、英語を即興で話すという目的地には到達できません。「『話す英語』をものにするカギ、それは前置詞です」と、まえがきの冒頭でいきなり宣言しましたが、その秘密が、いつでも名詞にくっついてゆく前置詞に宿る**イメージ**なのです。**「前置詞＝イメージ」**、そう理解してください。

　すべての前置詞が、イメージを発散しています。例を示しましょう。

ジョニーへの伝言：
A message **to** Johnny / A message **for** Johnny

　どうです？　違いがわかりますか？　とんでもなく大きな違いがあるのです。ジョニーは男性の名前ですから、伝言を残したのはジョニーと親しかった女性であることが容易に想像されます。さあ、その女性はジョニーにどんな思いを託して伝言を残したのでしょう？

　A message **to** Johnny：この場合、彼女はもうジョニーに未練はありません。非常にサバサバした気持ちで伝言を残しました。「勝手に生きていってよ」「私のことなんか、もう、思い出さなくって結構よ」「じゃあネ！」程度の、さめたメッセージになります。女はもう明日に向かって生きはじめています。ジョニーとの過去はもう断ち切られています。ジョニーが少々、哀れにさえ感じられます。

　A message **for** Johnny：この場合、彼女はジョニーにまだ未練があります。未練どころか、立ち去る彼女は、ジョニーへの思いやりにあふれています。自分が立ち去ったあとに残るジョニーへの、こまごまとした気遣いさえ感じられ

ます。「本当は立ち去りたくないけど、あんなに素晴らしい日々をともにした
あなたから別れて旅立つなんて、つらくてしかたないんだけど、でも行くワ。
それが私の人生だから」、といった、さまざまな彼女の思いや心の中の声さえ
聞こえてきます。「風邪、引かないでよ。お酒も、飲みすぎちゃダメよ」みた
いな、世話女房的な声さえ聞こえてきます。

　これほどの違いが、to と for の間にはあるのです。だから、上記の2つの
伝言には、別のメッセージが託されていることになります。英語で小説を書く
人や、英語国民、英語ネイティブは、当然、それをわかって使い分けます。
to という前置詞はニュートラルな前置詞で、感情や心を代弁しません。方向
をあらわし、対象を明示しますが、その意図が直線的に対象に届くだけのイメ
ージです。機能的で、無機的なのです。

　一方、for は、思いやり、恩恵、やさしさなのです。to と同じように目的や
対象をあらわす前置詞ですが、そこには心や配慮が投影されます。対象への気
づかいが表明されるのです。ですから、上に示したように、無限の違いが生ま
れてきます。どれだけ想像するかは読み手次第ですが、それを触発する要素が
各前置詞にはふくまれています。そこを味わわないかぎり、前置詞を読み取る
ことにはならないし、英語の小説を味読するなんてことは絶対にできません。
そこがわかってこそ、前置詞を使いこなすことになるのです。ここは、学校の
英語の授業では絶対に学べない世界です。

　すべての前置詞はイメージにあふれています。各前置詞はイメージを発散し
ている語です。ですから前置詞は、イメージで使いこなすようにしなければな
りません。ボクだったら、「ジョニーへの伝言」を下のように訳します。

A deposited message **for** Johnny

　A を The にしたら、くどくどと未練がましくなります。潔い彼女の気持ち
を代弁できません。また、伝言を複数形にして、messages にしても同様です。

「なんだよ、いくつもあるのかよ」って感じになって、伝言のインパクトが消えてしまいます。ここは、この英訳以外にはないでしょう。

　本書では、このような名詞のファンクション＝機能（「格」）を決定する前置詞の役割と、イメージをともなった前置詞の使い方の両方を説明します。ここを押さえられていないと、英語を話す行為は一歩も前へ進みません。こういう指南は参考書をたくさん読んでも手に入りません。ボク自身が、20年、30年と炎天下のフィリピンを取材で走り回りながら、自分の行動で培ってきた言語感覚だからです。それは身体感覚と一体になった言語感覚で、だからこそイメージとして理解できるのです。

　前置詞をイメージとして使えるようになれば、話すことにプレッシャーを感じなくなります。辞書の用例をいちいち思い出す必要がなくなるからです。たとえば、to と for はイメージの違いですから、to と for の間に明確な一線を引けるわけではありません。漠然とした違いがあるだけですから、どっちを使っても間違いにはならないし、意味の70％か80％は正確に伝わるのです。それで満足すれば、英語はもう恐れるに足りません。まず、このラインを確保してください。そのうえで、残りの20〜30％の微妙な違いを出す技に取り組んでください。感覚的に、そのレベルで前置詞を使い分けられるようになったら、もうすでに、あなたは英語の表現者であり、しかも創造的な表現者です。

　誰でも、母語に関するかぎり、創造的な表現者です。でも、英語に関しても、その領域はとても身近なところにあります。英語は、いえ「話す英語」は、ツボを押さえてゆけば、簡単に自分の思考や感情を自在に表現できる手段になります。その最初のツボが前置詞の使い方です。

　数多（あまた）の例を出してゆきます。それを読み物のようにして消化しながら、自分の感覚を育てていってください。本書は、英語の学習参考書ではありません。英語の「読み物」です。「読み物」として読み流していってください。

この英語は、生きるための提言です

「学校英語を超えるだけの英語」ではありません
まして、「文法マニアのための英語」ではありません

本書の英語は、この混迷の時代を生き抜くための武器です

今世界に広がる狂気は、2万年の時間オーダーで起こっている現実です
そこを見抜かなければ、この時代に生まれ合わせた意味がありません

今世界では、なぜ破壊、独占、非道が加速しているのでしょう?
2万年の歴史の果てで、なぜ分離が極限化しつつあるのでしょう?

その謎を解くカギは
個が全を凌駕するとき、その種は滅びる
という公理です

著者は国内外で長年日本語を教え、日本文化の本質を考え続け
西洋哲学に親しみ、インド哲学の内奥を探求し続け
寓意が織りなす文明史の迷妄を直視しつつ

独語、サンスクリット語、スペイン語、ラテン語を援用して
人類を牽引する英語の秘密を探り続けました

言葉の「話す力」こそが人間をつくってきたのです
「読む力」でなく、「話す力」こそが人類を先導してきたのです

ですから、日本民族がこの難局を乗り越えるには
日本語の対極にある「英語」の「話す力」をこそ獲得すべきなのです

人類は今、古い殻から脱皮しつつあります
今は進化の瞬間です!

CONTENTS
INDIVIDUAL ASCENDING METHOD

まず簡単な例／前置詞が、どれほどすごいか？

ブックデザイン　吉原遠藤（デザイン軒）
カバー・本文イラスト　にら
校正　麦秋アートセンター
英文校正協力　モチヅキ吉田倫子

INDIVIDUAL
ASCENDING
METHOD

序章

頭の中の
構え方

パスポートに あたるもの

Point

　前置詞の使い方を論じはじめる前に、英語を話すための、一番大切な「心構え」みたいなことを話しておきたいと思います。ここをおろそかにすると、何年間も、無駄な努力を続けることになります。ですから、これから述べることは、前置詞の知識よりも大切なのだと思ってください。本書で最初にふれるということは、そういうことをメッセージとして伝えたいからなのです。

　英語を話すには、話しだす前に、頭の中に、「ある種の構え」ができていなければなりません。銭湯へ行くのにタオルも石鹸（せっけん）も持たずには行けないでしょう。少なくとも、昔はそうでした。ボクシングの試合に臨もうとするのに、相撲の「まわし」でリングに上がることもできないはずです。想像するだけでも、想像を超えた珍事になります。同じことです。英語を話そうとする場合には、絶対に準備されていなければならない条件があるのです。しかし世間では、100人中99人が、この事実を見落としています。

　その結果は、どうなると思いますか。その結果が、明治以来150年間の日本の現実です。前著から何度もふれていますので、もう繰り返したくはないのですが、日本人は150年間英語を話せない民族として屈辱の歴史を生きてきました。そしてそれは、今も続いているのです。

　物理学を勉強するのに、数学のできない人は、その世界に入ってゆけません。作曲家になるのに、メロディーが黙っていても浮かんできて、それが精妙なイメージとして頭の中に持続する感性や能力を持っていない人は、作曲家になれないはずです。まったく同じことが英語を話す場合にもいえるのです。ただし、言語は人間にとっての普遍的な能力ですから、物理学者にとっての数学や、作

曲家にとっての音の感性のような特殊な能力は必要ありません。海外旅行をする人にとってのパスポート程度の条件が要求されるだけです。

海外旅行で国際空港へ向かう人が、絶対に必携していなければいけないのは、パスポートです。航空券は空港でさえ手に入ります。しかし、パスポートは空港では手に入りません。パスポートは事前に用意されていなければなりません。

これから、この序章で述べるのは、たった1点、英語を自由に話せるようになろうと思っている人にとっての海外旅行のパスポートにあたる絶対条件です。羽田や成田から海外へ飛び立つ日本人の99%が、実は、パスポートにあたる条件を自覚しないで海外に飛び立ちます。その結果、期待している楽しさのほとんどをあきらめたまま帰ってくるのです。つまり、自分から現地の人々と話すこともせず、目で風景を見ることだけで満足し、スマホで街並みや自然を撮って帰ってくるだけになるのです。

それって、とてももったいないことでしょう？　旅の愉悦の本質を放棄しているのですから。旅で、パックツアーで徒党を組んで行くのは素人です。旅慣れた人間は、必ず一人旅を好みます。わたしも一人旅が大好きです。一人旅の孤独感ほど、日常から離れたインスピレーションをもたらしてくれるものはありません。ツアーガイドも添乗員もいませんので、すべてを自分の言語能力だけで解決しながら先へ、先へと、未知の次元へ進んでゆくのです。それが旅の本質です。

そんな旅の中で英語を話すには、英語を話す前に、頭の中に、話すための「構え方」が準備されていなければなりません。柔道や空手、あるいは合気道や剣道の基本の「形」にあたるものです。もちろんそれは、英語を話すための「形」ですから、頭の中の「形」であり、一種の自覚です。

それは、次の事項への自覚です。

> ●頭から、いらないものを捨てる
> ●最少限の、必須事項だけを意識化する
> ●使うものを瞬時に選びとる即応力を身につける

　まず、みなさんの頭を初期化する必要があります。初期化とは、マッサラにすることですから、過去に蓄えた英語の知識を一回、全部捨ててください。そのくらいの大胆さが要求されます。しかし恐れることはありません。蓄えた知識を捨てることなどできないのですから、一旦こだわりを捨てるだけです。それならできるでしょう？　特に、大学受験で蓄えたこまごまとした文法知識は役に立ちませんから、今、自分は、そういう知識はもっていないものと仮定するのです。そして本当に必要なものだけを、拾いなおしてゆくのです。

　多くの日本人はここで大きな抵抗にぶつかります。なぜなら、中学時代から、あれほど「重要だ！」「おぼえろよ！」「忘れるな！」と、英語教師におどかされてきたことが、まったく否定されるからです。長年それを信じてきたでしょうから、ボクの忠告は自己否定につながるように感じるはずです。でもこれは、絶対条件です。頭を柔軟にしてください。

　これから述べることは、英語を話すための絶対条件です。ここが自覚されていないと、前置詞もへったくれもありません。それほど重要なポイントです。それを「頭の中の構え方」と名づけました。これは、わたしが何かの参考書を読んで学んだ知識ではありません。たぶん、どこを探しても、同じことを書いている本は探しだせないでしょう。

　「頭の中の構え方」は、ボク自身が、20年、30年という時間を、ノンフィクションライターとして、海外の新聞記者として、海外の雑誌編集長として、海外の大学の准教授として、そして自分で興した語学普及財団の理事長として、毎日、毎日、英語を話しつづけながら独力で結晶させたものです。つまり、英

語を話す現場の中で結晶した、体験的に煮詰められた要諦<ruby>要諦<rt>ようてい</rt></ruby>なのです。

　ボクは、自分の体験に裏づけられていないことは提案しません。

　自分の体験の中で、効果を確証できたことしか書きません。

Point **頭の中の構え方**

　いつでも、どこでも、何を話すにも、以下の「心構え」の中で英語を処理してください。

　これは必携の「心構え」ですから、忘れるようなことがあっては絶対にいけません。社会人が、何があっても、法律の枠の中で日々を暮らすのとまったく同じ感覚です。

　それを面倒くさいと思う人は、英語はあきらめてください。

　それは、以下の７つの項目の、頭から離れなくなるような永続的な自覚です。

1. 品詞の意識が一番大切

　日本人が日本語を話すとき、品詞を意識しません。ですから、英語を話すときも、品詞は意識せずに話そうとします。そして、すでに、ここで失敗し、挫折します。品詞の意識を忘れると、瀕死（ひんし）の事態に至ります。ボクは昔、古文の教師をしていましたので、朝から晩まで、生徒に向かって「これは形容詞か、形容動詞か、それとも副詞か？」「どこで判断するんだ？」などと、生徒に聞いていました。

　この文法意識が、自分がフィリピンで、あっという間に英語を正しく話せるようになった最大の理由だと、あとで気づきました。そうなのです。文法の間違いの中で一番大きな間違いは、品詞の処理に関する間違いなのです。これは絶対にいただけません。

「この文章、本するの？」、「この料理、食べる、あるよ」、これらが変な日本語であることは、誰にもわかるでしょう。「この文章、本にするの？」「この料理、食べたことあるよ」と、言わなければなりません。でも、英語を話すとき、初心者の日本人は、この手の間違いをしてしまいます。I have sick. とか、I must going to school. などとやってしまうのです。これらはみな、品詞の無自覚からくる間違いです。英語ネイティブには容認できない「変な英語」になります。でも日本人はキョトンとしているはずです。「だいたい伝わってるはずだけど」、くらいの意識です。それが初心者の現実です。こういう間違いは、たとえ外国人でも、大人なら絶対に許されないのです。指をさされて、子供にさえ笑われます。Sick は名詞の sickness、going は動詞の go でなければなりません。形容詞とか、名詞とか、動詞という分類上の区別について知っていなければならないのです。

> ● **名詞、動詞、形容詞の違いを意識する必要がある**
> ● 母語を話すときは、品詞の違いを意識しない
> ● だから、英語を話すときも、品詞の意識を忘れる
> ● それが大間違い！ **致命的な間違いとなる**
> ● 品詞の意識を欠いたら、**永遠に、英語は話せるようにならない**

単語をおぼえるときは、意味だけでなく、必ず品詞も一緒におぼえてください。どんな品詞をどこに置くかという知識が、英文法の根本的な知識になります。

英単語は普通、たとえば、以下のように、いくつもの派生語を生み出します。

創造する（動詞）➡ create
創造（名詞）➡ creation
創造的な（形容詞）➡ creative
創造的に（副詞）➡ creatively

　ですから、自分が使える単語の数を増やすのは実は簡単です。大切なのは、品詞を意識しながら、その語形と意味を同時におぼえることなのです。どの品詞を文のどこに置くかということは一番重要な文法知識ですが、それはしょせん、中学で習った英語の範囲の問題ですし、本シリーズでくわしく説明しますから心配いりません。必ず克服できます。

　一番重要なのは、**名詞**、**動詞**、**形容詞**を正しく使い分けること、ここを再自覚しましょう。「日本語では、そんなこと考えたこともないゾ！」、などとつっぱってはいけません。そういうつっぱり方をする男性が結構いるのですが、それは許されないのです。だって、外国語をおぼえるんですから、当然でしょう？　コンピューターはソフトをふくめ、日々、どんどんバージョンアップしていますが、その都度の注意書きや使用手順を無視して使えますか？

　パソコンを使って利益を得ようとする人と、英語を話して人生を豊かにしようとする人と、要求されることは同じはずです。「トリセツ」を無視して、その電気器具や電子装置がもたらす恩恵を手に入れられないのは当然でしょう？ここを錯覚している男性がけっこう多い。女性には、ほとんどいません。

2. S／V／O／C を意識する

英語の基礎力、それはなんでしょう？

英語の基礎力 ➡ 英文の骨格の理解力

　英文には構造や骨格にあたるものがあります。それを構成しているのがS／V／O／Cです。S＝主語、V＝動詞、O＝目的語、C＝補語ですから、英語を話すときは絶えずこれらの違いを意識しながら話す必要があります。日本人が日本語を話すときは、日本語の構造や骨格を意識しないで話します。実は、アメリカ人やイギリス人も、英語を話すときはここを意識しないで英語を話し

ます。「えッ？」と思うでしょうが、母語とはそういうものです。母語の能力は無意識の所産なのです。

しかし、外国人の大人が母国語に加えて外国語を学ぶ場合には、文法を意識しないでその外国語を使えるようになることはないのです。文法とは、心地よい言葉ではありませんが、簡単にいえば「言葉の構造、言葉の骨格」に関するルールです。家には屋根もあれば、壁もあり、柱もありますし、床もあります。同じです。言語も音声の構造です。言葉が音声の構造であることを意識したならば、当然、何が床材で、何が壁材で、何が柱になって、何が屋根になるのかを意識しないではいられないはずです。屋根の瓦を柱に使えますか？　まったく同じです。

日本人が英語に立ち向かうとき、こういう意識をもちません。しかし、いきなり英語を話す場面を想像してみてください。ここの知識なしに、どんな言葉から、口から出してゆけばいいか判断がつくと思いますか？　そんな無自覚な状況に、「話す英語」など、ないのです。

しかし、心配しないでください。意識すべきは次のたった４点です。

S＝主語／V＝動詞／O＝目的語／C＝補語

これらのくわしい説明は、ここではしません。自然にわかります。ゴメンなさい。知っている人がほとんどですよね。これらを見分ける「眼」を、話すときの意識から片時も離さないようにしてください。自分が今話しているのは主語なのか、補語なのか、目的語はどこにどう置けばいいのか、それを絶えず意識しつづける意識がこの「S／V／O／Cを意識する」ということになります。

3. 補語ってなんだ?

誰もが忘れている言葉、それが補語

「なんか、習ったよなぁ〜!」「なんだっけ、それ?」「補語? わかんネェ〜
よ!」、これが普通の日本人のレベルです。別に、かまいません。そういうも
んだと、ボクも理解しています。そして、そういう普通の日本人のために解決
法を考えました。大丈夫です!

　補語(compliment)とは補う言葉、補足・補完する言葉です。では、何を
補っているのでしょう? 主語です。主語を補うとは、どういうことでしょ
う? 以下を見てください。

This is **a pen**. / Maria is **beautiful**.

pen は名詞です。beautiful は形容詞です。ですから、

補語は 名詞 か 形容詞 ➡ 簡単!

◉これ以外の補語の使い方は、今は絶対に考えないでください。➡ これは、
決定的に、大切な注意です!

　この一線を踏み越えると、とめどない地獄、つまり受験英語の底なし沼に足
を踏み入れることになります。そして、「英語を話す」という目的からどんど
ん外れてゆきます。そういう人に責任はもちません。

受験英語の知識は捨ててください、と言いました。それがここで問われます。**文法マニアック**にならないでください。それは**自滅への道**です。ボクのたくらみを一旦受け入れて、読み続けてください。

4. 一番大切な品詞は何？

多くの人は、たぶん、「動詞」と答えます。
「その理由は？」と、きいても、答えられる人はいないと思います。

違います！
それは、　名詞　です。

名詞が一番大切だと知ってください。

5. 話すための文型は2つ

これは一番大切なポイントです。英語を話すときは、瞬時に文型を選択しなければなりません。自分が伝えたいと思っている内容を表現してくれる文型を、一瞬で選び取るのです。

文型がたくさんあったら、選択に時間がかかり、話せなくなります。

普通は、英語の文型は「**5文型**」といわれています。

これは**受験英語の常識**で、日本中の受験生がそれを信じています。しかし……。**もう、この時点でアウトです！**

これを信じている人は、永遠に、英語は話せるようになりません。

> 話す現場で、1／5の選択など ➡ できない!
> 「5文型」は、話す英語にとっての諸悪の根源!

「5文型」は、英語を話す体験のない人が信じている錯覚です。

　だから言ったでしょう?　「頭」を初期化してくださいって。受験勉強で詰め込んだ知識は、一旦、すべて捨ててくださいって。IA メソッドは、既存の英文法も、丸ごと懐疑の目でとらえます。そして、ボク自身の話す体験に合致した文法知識しか、IA メソッドの中に取り込みませんでした。妥協は一切しませんでした。自分自身が海外で20年もサバイバルしてきて、そこで役立った知識しかボクは信じません。価値も認めません。既存の文法知識で足りない内容は、独自に文法をつくりだしました。自分が生きていた現場には、アカデミズムの権威も、常識も、へったくれも関係ありませんでした。当たり前ですよね?　役に立たないことは無視し、否定するだけです。その代表格が、「5文型」の常識です。

5文型?　Goddamn!

> 英語を話すための「文型」は、2文型!
> A) SVO = I drink beer. ➡ 生存のための意思表明
> B) SVC = ---- is 〜〜. ➡ 説明・認識のための思考形式

　これだけです。頭の中を軽くしておかなければ、英語は、瞬時にペラペラ話せません。コンピューターも同じでしょう?　重いソフトをたくさん入れると、サクサク仕事ができなくなるでしょう?

> 話すときは瞬時の二者択一 ➡ 0.1秒の判断

　逃げるイノシシを追いかけて、0.1秒で右か左かを判断していた西洋人の生存感覚、それが「話す英語」には必要なのです（本シリーズ第1巻『英語は肉、日本語は米』を読んでください）。頭の中を本気で西洋人化しなければ、英語なんて話せるようにはなりません！

6. 文の87.5％が名詞！

　下の四角の中に、数字を入れてみてください。
　そもそも、何を意識させようとしているのでしょう？　そこをよく考えてみましょう。

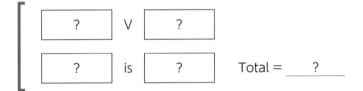

　正解は以下です。

SVO :	25%	V	25%	
SVC :	25%	is	12.5%	Total = 87.5%

　四角の中に入るのは名詞のパーセンテージです。使う文型は SVO と SVC の2文型だけだと言いました。ということは、［主語＋V＋目的語］と［主語＋is＋補語］ですから、動詞を除くと、口頭でつくる部分は4か所になります。つまり、各場所は25％ずつになりますが、主語と目的語は必ず名詞でなければなりませんので、それだけですでに名詞が占有する率は、25＋25＋25＝75％になります。補語は名詞か形容詞ですから、名詞の可能性は半分の12.5％。つまり、75％＋12.5％＝87.5％。

　結局、英語を話すということは、話す言葉の87.5％が名詞でなければならないのです。言い方を変えれば、自分が話す内容は、87.5％を口から名詞としてアウトプットしなければならないのです。ここに気づいている日本人はきわめて少ないはずです。だからこそ、動詞よりも、名詞の方がずっと大切な品詞なのです。

　英語を話しているとき、「S／V／O／C を意識する」もそうですが、「S／V／O／C の87.5％が名詞になる」、名詞にしなければならないという絶対命題も一時も忘れてはならないのです。この意識がなければ、英語は話せません。というより、文法的な間違いがひんぱんに起こります。

7. 名詞には3種類ある

最後です。名詞は、長さによって3種類に分類されます。それが以下です。

名詞 ➡ 単語1個　　　　　　　　　　　　　　　例）beer
名詞句 ➡ 単語2個以上　　　　　　　　　　　　例）with coffee
名詞節 ➡ 単語2個以上の中に SV があるもの　　例）what I said

　単語1個の名詞を使うのに困難はありません。また、名詞節が会話で使われる頻度は、実質5％以下です（これは勝手な印象ですが）。ですから、英語を話すという行為は、どれだけ名詞句（Noun phrase）を自分の技として使いこなすかということになります。ここを攻略できなければ英語は話せるようになりません。しかし、逆にいえば、ここさえ攻略すれば、英語は自分のものになります。英語を話すには、ここまで絞り込まなければダメなのです。

- ◉一番大切なのは ➡ **名詞句**
- ◉名詞句は英語の約80％ ➡ **「話す英語」の本丸は名詞句**
- ◉本丸の天守閣は ➡ **前置詞ユニット**（後述）
- ◉前置詞ユニットを自由につくるカギ ➡ **前置詞のイメージ**

　以上を絶対に忘れないで、どんなときでも意識しつづけてください！　この「心構え」、つまり「頭の中の構え」が、話す英語で求められる基本スタンスです。これは、ボク自身がつねに保持しつづけている「話す英語」の要諦です。

　以上７点が、英語を話すための、「頭の中の構え方」です！

INDIVIDUAL
ASCENDING
METHOD

前置詞は、
イメージだァ～！

Point **わかりやすい例**

前置詞が、いかにイメージと結びついた言葉かということを、例を出して説明してみたいと思います。まず、自分の体験例から出してみます。

がんばってネェ〜！

フィリピンのマニラ首都圏で、車を運転していました。エドサ（Edsa）と呼ばれる幹線道路を飛ばしていました。すると、進行方向の前方路肩に、大きな掲示板が置かれていました。遠くからは文字は見えませんが、接近してゆくと、下のように書いてありました。

> ← 500m Ahead
>
> Men at Work!

意味はすぐにわかりました。「500メートル前方　工事中」、という意味です。まもなくその道路工事のそばを通り過ぎることになりました。減速しながら、注意深く、穴が掘られている工事箇所を見ながら通り過ぎました。そのときボクは、「がんばってネェ〜！」「ご苦労さ〜ん！」という言葉を心の中でつぶやいていました。大げさですが、仕事をしていた作業員たちにもやさしい視線を投げかけていたと思います。

なぜだと思いますか？

もし掲示が以下のような表現だったとしたら、どうだったでしょう?

「500m Ahead　Men in Work!」。実際はこういう表現はないと思いますが、仮に、こういう表現をボクが目にしたとしたら、どういう反応を示したと思いますか?　意味はまったく同じです。ボクはきっと、無意識に、「ざけんなよ!」「いつまで工事してるつもりだよ!」「はやく仕上げろよ!　いつも、ここ、通るんだからよ!」と、車内で怒りをぶちまけていたと思います。作業員に対するやさしい視線など、投げかけてはいなかったはずです。

なぜでしょう?　何が違うのでしょう?

もちろん、前置詞の at と in の違いのせいです。どちらも、たった2文字の at と in なのに、どうしてこうも極端な反応の違いを生んでしまうのでしょう?　それは、at がもつイメージと、in がもつイメージがまったく違うからです。ボクは、それぞれの前置詞がはらんでいるイメージに触発されて、無意識に、すでに述べたような反応の違いを示してしまうことになるのです。

実際の掲示板は「Men **at** Work」と書かれていて、道路を通過するドライバーが決して怒ることのないように、意識して、at を使っていたのです。フィリピン人はボクよりずっと英語をよく知っていますから、間違いを起こすようなことは絶対にありません。工事関係者は、at を使って、「ゴメンなさ〜い!」「今だけですので!」「すぐ、終わりますんで!」というメッセージを at で表現していたわけです。フィリピン人には、その意図やメッセージは、at だけでちゃんと伝わります。

in の場合には、このようなメッセージはふくまれません。だから、仮想のボクのように、すべてのドライバーが頭にくるわけです。これほど、前置詞はイメージと背中合わせです。少し、自分で理由を考えてみてください。もう一つ例を出します。

酒場のアンさん

　仕事を5時に終えて、家路につく前に、ふらっと小さなバーに立ち寄ったとします。そこにいた女の子が「アンさん（Ms. Ann）」だとします。そのアンさんを「酒場のアン」と呼ぶことにします。この「酒場のアン」を英訳する場合、簡単に想像されるのは、1）Ms. Ann **in** a bar と、2）Ms. Ann **at** a bar が考えられます。どっちのアンさんが好きですか？　仮に、英語の小説にこういう設定があったとして、書き手のアメリカ人やイギリス人は、当然、アンさんの人物設定に厳密な違いを投影することになります。つまり、Ann **in** a bar のアンさんと、Ann **at** a bar のアンさんでは、性格も雰囲気も違ってくるのです。

　さあ、どっちのアンさんが好きですか？　どっちのアンさんと友達になりたいですか？

　Ms. Ann **at** a bar：こっちのアンさんを先に説明しましょう。こっちのアンさんは、偶然立ち寄ったバーにいた女の子です。男はふだんはまっすぐ家へ帰るのに、その日はどうしたことか、偶然、はじめて、目にとまったそのバーの扉を押したのです。そしたら、そこに、偶然いた女性がアンという名の女の子だったわけです。笑顔がチャーミングで、くったくがなくて、冗談の好きな女の子でした。ワァ〜と話が盛り上がって、「じゃぁ、またね！」と言って店を出たとたんに、そんな約束をしたことも忘れ、アンさんのことも忘れてしまいます。

　仮にまた出かけたとしても、そこにアンさんがいるとは限りません。一回ぽっきりの出会い、一回ぽっきりの語り合いで終わってしまうだけの女の子、それが Ms. Ann **at** a bar のイメージです。

　Ms. Ann **in** a bar：この場合、男が、偶然そのバーに立ち寄ったとか、たまたまその日、バーの扉を押したとかいうイメージはわいてきません。そのへ

んは、完全にノーコメントです。そのアンさんはなんか、暗〜い感じのする女性になります。だって、バーというところは、そもそも薄暗い照明が売り物で、歓声響く今はやりのスポーツバーとは違って、伝統的な酒場のイメージしかわかないのですからしかたがありません。彼女は問わず語りで自分のことをポツリ、ポツリと話したり、男の方も、「どうして？」「なんでまた？」などと、会話の深みにはまり込んでゆきます。

そのバーには、いつ行っても、必ず彼女がいます。「もう、どのくらいここにいるの？」なんてきくと、「そうね、もう７、８年になるかしら」なんて答えが返ってきます。ちょっとでも親しくなってしまったら、容易に縁を切れなくなる、影のある、深情けのアンさん、それが Ms. Ann in a bar のイメージです。

どっちが好きですか？　いや、それは愚問でした。ゴメンなさい。

なんでしょう？　何がこんなに、イメージの違いを生んでしまうのでしょう？　もちろん、at と in がもつイメージの違いのせいなのです。「工事中」の看板と同じパターンです。前置詞は、このイメージの違いを知ったうえで使いこなさなければいけません。

さあ、そろそろ正解を説明すべきですよね。

> at のイメージ：時間と空間の、ピンポイント
> in のイメージ：一定の制限の幅の中

at のイメージは、今だけ、そこだけという瞬間的で、その場限りのイメージです。継続性や持続性はイメージの中にふくまれていません。だからわたしは「時間と空間の、ピンポイント」と、勝手に定義しています。「工事中」の看板は、at を使うことで、「ご迷惑をかける工事は、今だけですので」「すぐ

に終わりますので」という、時間的なピンポイントをアピールしていたわけです。だから、腹が立たなかったわけです。

　また、酒場のアンさんも、偶然立ち寄ったバー、たまたまそこにいた女性、その場限りの出会いといったシチュエーションをふくめた、ピンポイントの、かりそめの人物であることを at で語らせているわけです。ですから、また店へ行っても彼女がそこにいるイメージはわいてきません。暗い影がどこにもないのです。

　in にはそういう時間的なコメントが一切ふくまれていません。in のイメージは、物理的外形物であれ、状況であれ、心理的な状態・情況であれ、「一定の制限に画された幅の中」に収まっていることをあらわしています。ですから、「工事中」の場合でいえば、工事という普通とは違う状況が無時間的にどこまでも続くイメージになります。だから、「ざけんなよ！」「いつまで続ける気だよ？」という感情を触発させます。

　Ms. Ann in a bar だって、わいてくるイメージは、つねにバーという限定的な構造物の中にいる、しかも時間に限定されずにずっとそこにいるアンさんのイメージになります。ですから、なんとなく暗いイメージになります。「昼間は働かないの？」という質問だって、自然と出てきてしまいます。

　どうです？　おもしろかったでしょう？　前置詞は、イメージを知ったうえで、イメージで使うべき語なのです。辞書にたくさん載っている用例を、何度も何度も、くりかえし読んで、まねをして使ってゆくうちに、その意味がイメージとなってたちあらわれてくるようになります。そして、もともとは、そのイメージこそが根源にあって、それが個別的な用法や用例になって、辞書に載っているわけです。ボクは、20年、30年の実体験の中で、辞書の用例に限定されずに先に使い方を体験してしまいましたので、イメージを形成するのは容易でした。だから、英語を話すときに、プレッシャーがかかりません。辞書の用例と違っても、自分の体験がそれを許していれば、堂々と感じたとおりにそ

の前置詞を使います。それは、自分がそう感じて、そう表現したいから、そう言っているだけなので、ビクつく理由などどこにもありません。前置詞は、イメージをつかむと、そういう感覚になります。

　ですから、本書は徹底して、前置詞をイメージで使えるようにします。

　そのためには、もう少し、ショックを受けてもらいたいと思います。文法的な処理法を説明する前に、もっとたくさん、イメージで使う用例にふれてもらいます。それで、かたい頭がやわらかくなるはずです。受験英語でガチガチになった頭を、柔軟な、創造的な頭に蘇生させてさしあげます。そうでなければ、前置詞は使えないのですから。

Point **歌のタイトルを訳してみる**

「まえがき」で、「ジョニーへの伝言」を英訳しましたが、あれはおもしろいだけでなく、非常に有効な英語力のつけ方なのです。つまらない勉強ばかりしていると英語は好きになれないので、ここで、最高に楽しい英語の勉強の仕方を紹介します。もちろん、前置詞の使い方に特化した方法です。

　ボクはフィリピンに移住する前、10年間、日本とフィリピンの間を行ったり来たりしていました。その頃は予備校教師兼ノンフィクションライターでしたので、マニラにいるときは、朝から夕方までは事前に予定していた取材対象を訪問したり、国立公文書館で資料読みに没頭したりしていました。夕方ホテルに戻ると、シャワーを浴び、それから行きつけの日本食レストランへ向かいます。BGM の演歌などを聴きながら、ゆったりと時間をかけて夕食をとります。翌日重要なインタビューが入っていないときや、体力に余裕のあるときなどは、食事のあと、カラオケへ行くのです。

　フィリピンは、何かにつけスペイン・スタイルです。ナイトライフも夜9時頃から始まります。ですから9時から11時と決めて、2時間、英語の勉強（？）です。どうやって勉強をしていたかを説明します。笑いながら読んでください。フィリピンのカラオケで働いていた女の子たちは、日本語がめちゃくちゃに上手でした。多少変な話し方もするのですが、それは愛嬌で、日本人の英語にくらべたら比較にならないほど上手でした。彼女たちは、店の日本語のカラオケ曲をみごとに歌います。モニターの映像には歌のイメージ映像だけでなく、日本語歌詞も映し出されます。彼女たちはひらがなやカタカナが読めるらしく、それを見て実にみごとに日本語で歌います。それで彼女たちに、「今歌った歌の意味、わかってるの？」ときくと、「ワカラナ〜イ！」と答えます。

意味もわからずに外国語の歌詞をおぼえきっている彼女たちの語学センスには脱帽でした。

　しかし、彼女たちに負けているわけにはいきません。だからといって、ボクは、英語の歌を歌うわけではありません。カラオケのモニターに映し出される日本語の歌詞を、それが消えるまでのほんの数秒間に、連続的に英訳していくのです。スポーツ感覚に近い翻訳です。即訳、即訳、即訳で、彼女たちに、彼女たちが毎晩歌っている歌の意味を英訳してあげるわけです。興に乗ると神懸かってきて、ガンガン口から英語が出てきます。とまどう暇も、考え込む暇もありません。多少違っていても、どうでもいいのです。瞬間、瞬間の即興翻訳の連続です。ノリだけが支えです。そんなことを何曲もやるのです。同じことをやれる日本人客などいないので、彼女たちは、憧憬に近いまなざしでボクをみつめます。称賛の嵐がボクを包みますが、Not at all!（いや、いや〜！）などと言って、照れ笑いします。そんなことを、ときどきやっていました。

　日本語の歌謡曲を英語に訳すのは、実に楽しい挑戦です。もちろん、前置詞を徹底的に使うのですが、ここでは、特定の曲の歌詞を訳すのではなく、有名な曲のタイトルを英訳してみます。ルールは、必ず前置詞を使うこと。それだけです。もちろん、スカッとした、それでいて歌のモチーフをえぐりだしたい訳になっていなければいけません。審査員はもちろん読者のみなさんです。

　英訳の下の解説を楽しんでください。その解説を読んでいくうちに、自然と前置詞の使い方がわかってきます。そして、日本語を英語に訳すということがどういうことか、なんとなくわかるようになります。英語に訳す行為は直訳ではありません。日本語と英語の間にあるギャップを当然のこととして受け止めて、直訳を放棄して、本質を英語流に意訳するのです。その感覚が英語を話すという行為につながるのですが、とりあえずは、以下を楽しんでみてください。（注：ボクは昔の若者なので、選んだ曲が古いかもしれない。ゴメン！　タイトルのおもしろさで選んだつもり。でも、すべてすごいヒット曲だったんだぜ！）

入門編：初心者レベル

●男と女のラブゲーム：葵司朗＆日野美歌

Love games **between** a man and woman

　「男と女の」の「の」を of で訳したら、素人です。そのゲームは男と女の「間で」行われるゲームなんですから、この「の」の意味は、絶対に前置詞の between です。between A and B を使えます。A boy and girl とやったらちょっと子供じみたゲームになりますので、a man and woman とやりました。ちょっとシリアスなイメージになりますけど、ラブゲームという言葉自体が楽しいのでシリアスさを中和してくれます。

　以下、少し古い歌のタイトルも入ってきますがご容赦を！　タイトルのおもしろさで選んでありますので、気になった方はネットでタイトルを検索してみてください。すぐに出てきますよ。

●恋の奴隷：奥村チヨ

The entangled girl **in** love

　奴隷を slave と訳したのでは強すぎて、誰も笑えなくなります。絶対にダメです。恋にからめとられて、自分から男の言いなりになる「評価の難しい」女性ですから、適当な言葉を探さなきゃいけません。思案していると、ふと、entangled（もつれた・絡まった）という言葉を思いつきました。その結果、自動的に前置詞 in が導き出されました。The girl entangled in love でもいいけれど、リズムが自然すぎておもしろくありません。この場合の前置詞は with でも正解です。

●さそり座の女：美川憲一

The girl **from** the Scorpion

この日本語のタイトルを少々誇張して訳してみました。単に女の星座が「さそり座」というのではなく、宇宙の彼方の本物の「さそり座<u>から</u>やって来た女」と空想的に解釈してみたのです。だって、この女は恐い女なんだから、そのくらいの背景をふくませたほうがおもしろいでしょう？　ということで、前置詞を of ではなく from にしました。英語に遠近感とすごみが出て、うっかり手を出すと「ヤバイ！」って感じがすると思うんだけど。この女はそういう特殊な女なんですから、絶対に、定冠詞の The をつけないではいられなくなります。

●みちのくひとり旅：山本譲二
A lonely journey **to** the northern lands

これは失恋でしょうから、きっとさびしい旅ですよね。だから、lonely journey とやりました。「みちのく」は北の国の代名詞ですから、英語にもそれを出したつもりです。でも the North とかやって、「北」を大文字にすると、つや消しです。ここはぼんやりと「北の国々」と解釈して、しかも一つの国であるはずはないので、lands と複数形にしました。しかしそれは絶対に「北」へ向かう道ですから to とやって、気持ちにブレがないことを表しました。またそんな旅は、たびたびあるはずもないので、A lonely journey と、一回ぽっきりの旅にしました。

●ふりむけばヨコハマ：マルシア
My Yokohama **in** remembrance

ブラジルから来たマルシアさんの歌です。remembrance は追想、追憶、回想の意味ですから、この単語を使うだけで、「ふりむけば」というニュアンスを表現できてしまいます。なぜ in かというと、目の前の現実の横浜市ではなく、追憶の中のヨコハマだからです。つまり、追憶という「一定の制限の幅の中」の記憶としてのヨコハマなので、in なのです。それは恋人との甘い追憶ですから、My Yokohama と遊びました。

中級編：能力向上レベル

●お別れ公衆電話：松山恵子

A goodbye call **from** a payphone booth

　この歌手を知る人は少ないと思いますが、ボクはおぼえています。昭和34年の歌です。歌手の松山恵子さんは、ユーモアと愛嬌たっぷりの歌手でした。だから、「お別れだって、直接会わず、公衆電話ですませちゃった！」、みたいな軽い乗りがタイトルに出ています。それゆえ、goodbye call にしました。お別れの電話は一回ぽっきりですから、call を複数形にすることは絶対できませんし、the をつけたら意味深すぎて、ぶち壊しです。昔は、電話は公衆電話ボックス「から」かけたんですから、絶対に from を補わなければ英語になりません。

●女のためいき：森進一

A deep sigh **of** a girl

　男と女のハナシは、昔は、いつも女の「ためいき」で終わったものです。しかし今は、それが逆転して、男が「ためいき」をついているケースが多いのではないかと想像されます。ためいきは a sigh ですが、日本語にはない deep をつけて訳したところがミソです。そしてその「ためいき」は、まごうことなく女の「胸」と「口」から吐き出された女の生体に所属する「息」なのですから、ここは絶対に所属の of でなければなりません。シンプルで、すごみと重みのある英語になりました。そういう女は無数にいたはずですから、女に the をつけてはいけません。

●酒は涙か溜息か：藤山一郎

A wineglass **in** silence, then tears

　それにしてもしゃれた日本語です。「酒」は wineglass とやりました。そ

して、「溜息」を silence、沈黙と訳しました。なぜ沈黙に in がつくのかというと、沈黙とは言葉と言葉の間にはさまれた、言葉のない「一定の制限の幅の中」の時間だからです。だから、in silence なのです。過去を悔やむ胸のうちは、片手にのせたワイングラスが受け止めています。その沈黙ののち、不意に、目から涙が落ちます。日本語は全体が名詞句になっていませんので、「そして涙」と英語も遊びました。「～か、～か」という選択的ニュアンスはそれで出たと思います。

●**別れの予感**：テレサ・テン
A faint feeling **for** parting

　予感は feeling でいいでしょうが、「ふと感じた予感」というニュアンスを出すために、a faint と飾りました。その予感は別れ・別離、つまり parting に「向かってゆく」予感ですから、for をあてました。これが to なら、to の直線的なイメージが強すぎて、漠（ばく）とした予感を殺してしまいます。最後はあいまいにぼやけてゆく for のほうが、ここは正解です。別れを separation とやってしまったら、つや消しです。語感が問われます。

●**想い出ぼろぼろ**：内藤やす子
Flooded memories **like** dropping tears

　涙がボロボロこぼれるように、思い出がボロボロ込み上げてくるということでしょう。しょせんは、あふれでてくるということが言いたいのですから、flooded memories とやっちゃいました。絶対に複数形です。過去分詞は名詞の前にも後ろにも置けます。ケース・バイ・ケースです。この like は前置詞です。「落ちつづける涙のように」という意味で **like** dropping tears としました。

上級編：プロ級のレベル

●他人の関係：金井克子

The deep relationship **without** love

　この場合の「関係」は、男と女の関係であり、朝になると他人になるというわけですから、「男女の深い関係」に決まっています。だったらここは、明瞭に deep relationship とやらなければ始まりません。しかもそれは特定の男女間の関係ですから、定冠詞を被せるしかありません。そんな関係なのに、朝は「他人」になるんだから、それって「愛のない関係」ですよね。だったら without love とやるしかないでしょう。表現の対比がおもしろいはず。この英語、日本語に全然しばられていないでしょう？　それでいて、ズバリ、表現できているでしょう？

●みだれ髪：美空ひばり

A sending girl **with** messy hair

　歌詞に「髪のみだれに、手をやれば」とあって、塩屋の岬で、「底曳き網の舟」に乗る男を想う歌ですから、「乱れ髪」がなぜ生じたのか、言うまでもないことですよね。そんな女を a sending girl とやりました。見送る女です。そんな女に乱れた髪が「くっついている」のですから、前置詞は with しかないでしょう。これ一語でいけます。ただ、乱れ髪を messy hair とやりましたので、けっこうリアルです。その語感、わかりますか？

●希望の匂いのする男

The man **with** lucky impression

　これはタイトルではありません。和田アキ子『あの鐘を鳴らすのはあなた』の歌詞の一節を引用して「匂いのする男」としました。「匂い」を smell とやったら漫画ですよ。女は男の臭いをクンクン鼻で嗅ぐイヌみたいになっ

てしまいます。ほとんどの場合、直訳しちゃダメです。この「匂い」は男が放つ雰囲気のことですから、impression、印象とやりました。そして「希望」は、前途洋々な、成功するぞと感じさせる印象のことですから、素直にlucky とやりました。そういう印象が男に「くっついている」のです。どんなものでも、どんなことでも、「何かが何かにくっついていたら」with です。

●星影のワルツ：千昌夫
The Waltz **under** star lights

　この日本語は難しいですよ。ボクは古文の教師でしたからわかります。「影」とは光のことです。ほとんどの人が知らないと思います。ですから、「星影」とは星の光のことです。「星の光が降り注ぐ下で踊るワルツ」、そんな曲を、「別れることは、つらいけど」、いま一度、ここで歌おう、とこの歌は言っているのです。訳は日本語を意識的にそのまま訳しました。このワルツは星の光降り注ぐ「下」のワルツですから、前置詞は under です。

●小指の想い出：伊東ゆかり
A romantic memory **on** a little finger

　背景は、「あなたが嚙んだ、小指が痛い」です。でも、本当に痛いわけではありません。「あなたが嚙んだ、小指がもえる」とも、「あなたが嚙んだ、小指が好きよ」とも言っています。逆の意味です。つまり、この「小指の想い出」は、甘い romantic な memory です。その記憶がどこにあるかというと、軽く嚙まれた小指の先にあるのですから、「かすかに接している」ことを表す on を使って、on a little finger としました。日本語と英訳を対比してみてください。前置詞１個で、ずばりと言いえているでしょう。これが英訳です。

　さあ、楽しんでもらえましたか？　意識化してほしいのは、前置詞の有用性です。

　たった1個の前置詞で、非常に広いイメージをカバーしていたはずです。ここに用意した日本語は詞を象徴したタイトルですから、非常に意味深だったはずですが、それでも、ちゃんと翻訳できていたことに納得してもらえたはずです。この英語の簡潔さは、すべて前置詞に帰すことができます。前置詞は非常に有能なのです。この前置詞をこれから徹底的に学んでいきます。

　もう一点、意識化してほしいのは、英語と日本語の間にあったギャップの自覚です。ここは翻訳でしたが、実は、話すことも翻訳行為なのです。瞬間的に相手に即応する瞬間翻訳、それが英語を話すということです。その場合に、文字どおりに、逐一日本語を英単語に変換するのは翻訳ではありません。そうやってつくった英語は、ほとんど「変な英語」になってしまいます。まず、日本語の意味の本質をつかみ、それを、前置詞を使った英語で表現することこそが翻訳の基本です。翻訳は、表面上食い違っていてもかまいません。それがわかっているのがプロで、知らないのが初心者です。みなさんはもう、そういう初期段階を感覚的に抜け出しはじめているはずです。

INDIVIDUAL
ASCENDING
METHOD

前置詞ユニット
とは？

前置詞ユニットとは？

Point

英語を即興でペラペラしゃべるには、「前置詞ユニット」という文法概念を自分のものにしなければなりません。日本の英語教育では、150年かかっても、この概念をつかめませんでした。それは英語を「読む」ことからつかもうとした結果です。言語をいくら目から入れてもこの概念はつかめません。この文法概念は、英語を話そうとしないかぎり自覚されないからです。書かれた英文の中に無数の「前置詞ユニット」が入っていても、絶対に、それに気づけません。魚が水の中にいて水の存在に気づけないのと同じです。しかし、英語を話そうとすると、すぐに「前置詞ユニット」の存在に気づきます。

日本の英語教育は、なんと無駄なことをしつづけているのでしょう。

これから、「前置詞ユニット」がなんなのか、それがいかに英語の中の根底的な概念で、どれほどそれが日本人の話す英語力に貢献するかを説明してゆきます。

ケンタッキーのフライドチキン

「前置詞ユニット」とは、たとえていえば、物質を構成する分子に当たります。つまり、英語という言語現象の中の分子が「前置詞ユニット」だと考えてください。たとえば、「ケンタッキーのフライドチキン」、この言葉の中にも「前置詞ユニット」が入っています。日本語と対比しながら説明します。

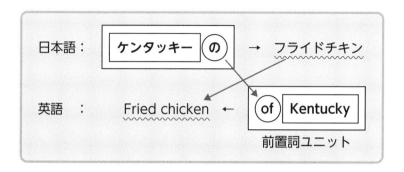

これが、Fried chicken of Kentucky という英語の中の分子構造です。つまり、太字で示してある、[of Kentucky] とあるのが前置詞ユニットです。

この英語表現を文法的に解明します。この Fried chicken は、Kentucky という名前の店のいわゆる鶏の唐揚げであることが明示されています。ここではファストフード店のフライドチキンを単に鶏の「唐揚げ」と呼んでおくけど、その唐揚げは、ロッテリアでもなく、マクドナルドでもなく、ケンタッキーという店に「所属する」唐揚げであることが of Kentucky の of によって主張されています。つまり、Kentucky は唐揚げに対して、「お前は、オレの店に属する唐揚げだぞ！」と自分との所属関係を主張しているわけです。このように of と一体化した Kentucky という語は、単なる名詞ではなく、唐揚げに対して自分との所属関係をアピールした名詞になっていて、それゆえに「属格（所有格）」をもっていると理解されます。

Fried chicken Kentucky

そもそも、これでは何のことかわかりません。全体で一語なのか、そうではないのか不明です。どの語が、どの語に対して修飾語なのかもわかりません。「わけわからん、こんな英語！」と、白いスーツを着たカーネル・サンダースさんは怒りだすでしょう。どうしたって of が果たしている役割は絶大なのです。

そして、一番意識されなければならないのは、次のポイントです。

Fried chicken of Kentucky、この英語を理解するとき、意味的には Fried chicken of ではなくて、of Kentucky だという厳然たる事実です。前置詞の of は、Fried chicken にではなく、Kentucky にくっついているのです。ここは絶対に勘違いしてはいけません。この理解が「前置詞ユニット」という言葉の意味を定義づけてくれます。

前置詞と一体化した名詞、つまり「**前置詞＋名詞**」は、すでに、文中における名詞の役割つまり「格」を与えられた語として存在しています。これは「まえがき」でも述べましたので、思い出してください。前置詞なしでは、名詞は文の中でも、長いフレーズの中でも、まだ任務（task）を与えられていない存在にすぎません。名詞は前置詞と結びつき、「格」が明示されてはじめて、周囲に対して task をまっとうできる語に変貌するのです。「格」を、文中における名詞のtask（任務・役割）とか、function（機能）と理解してください。

- ●「格」をもたない名詞はただの風来坊です。

- ●名詞は前置詞と結びついて、はじめて task を課された一人前の語になるのです。

- ●ですから、「**前置詞＋名詞**」という構造をもつ「前置詞ユニット」は、言葉の分子構造です。

- ●もっというと、**前置詞とは「前置詞ユニット」として使うための**ものなのです。

前置詞と後置詞

前図に関して、説明されていない部分を補足します。

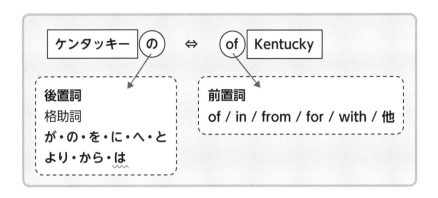

　日本語の助詞の中には、名詞の格を明示する「格助詞」と呼ばれる一群の語があります。それを上に示しました。この格助詞が、英語の前置詞に対応しています。「格助詞」という言葉からもわかるように、日本語の名詞の「Task＝格」を明示しているのが「格助詞」で、その任務を「が・を・に・で」などの助詞がになっているわけです。英語と日本語は結構似ているのです。

　ただし、名詞に対してくっつく場所が逆転しています。英語の前置詞は名詞の前に置かれるので、「**前**に**置**かれる**詞**（ことば）＝ pre・position」と呼ばれます。これに対して日本語の格助詞は名詞の後ろに置かれるので「**後**に**置**かれる**詞**（ことば）＝ post・position」と呼ばれます。それだけの違いなので、実は、前置詞は日本語の格助詞を連想すると簡単に理解できます。

　日本語文法では「は」は副助詞に分類されますが、しかしこの理解は、英語と日本語を対比的に理解する目的からは意味をもちません。ですから、IA メソッドでは、「は」が主語を明示するかぎり格助詞と理解します。

　※私**は**、行くワ！ → 日本語のニュアンスは、「他の人のことは知らないけれど、私に関しては、行くワ！」の意味です。しかし、ニュアンスはどうあれ、「私が行く」という歴然たる事実は動きません。ですから、「私**は**」だろうが、「私**が**」だろうが、「私＝動作主体＝主語」である事実も動きません。「は」を単なる強調（副助詞）と解してすませる「既存の日本語文法」は、英語を理解する上では不十分であり、間違いです。ですから IA メソッドでは「は」は格助詞に入れて理解します。

◉英語の前置詞 ＝ 日本語の格助詞

◉日本語の格助詞と英語の前置詞は、同じ「task＝格」をになっている

◉違いは、名詞の前に置かれるか、後ろに置かれるかだけ

◉日本語の名詞にも「格」があることが、ここで初めて意識化されます

「格」って、どれだけあるの？

「格（case）」という言葉は、何度聞いてもわかりづらく、イライラすると思いますが、ここでスッキリさせましょう。名詞の「格」とは、名詞を使い分けるときの分類法のことです。たとえば、「リンゴ」という名詞を日本語のまま、サンスクリット語の8格の分類法に投影して理解してみます。

リンゴが実る	➡ リンゴ＝**主格**／Nominative	
リンゴの種	➡ リンゴ＝**属格**／Genitive	
リンゴに配慮を〜	➡ リンゴ＝**与格**／Dative	
リンゴを煮る	➡ リンゴ＝**対格**／Accusative	
リンゴから匂いが〜	➡ リンゴ＝**奪格**／Ablative	
リンゴでジュースを	➡ リンゴ＝**具格**／Instrumental	
リンゴに虫が〜	➡ リンゴ＝**処格**／Locative	
おお、リンゴよ！	➡ リンゴ＝**呼格**／Vocative	

	英語	ドイツ語	ラテン語	サンスクリット	日本語
主格：主語を表す	✓	✓	✓	✓	が／は
属格：所属を表す（所有格）	✓	✓	✓	✓	の
与格：間接目的語を表す		✓	✓	✓	に
対格：直接目的語を表す	✓	✓	✓	✓	を
奪格：起点や源泉を表す			✓	✓	から
具格：手段・道具を表す				✓	で
処格：場所や位置を表す				✓	に／で
呼格：呼びかける対象を表す			✓	✓	

　ものごとはついでですから、サンスクリット語だけでなく、英語も、ドイツ語も、ラテン語も、そして日本語も、それぞれの名詞の「格」を同時に対比してみました。これは結局、各言語によって、名詞をどのような視点から使い分けているかを示している表です。紀元前のインドのサンスクリット語では、名詞を使う場合は、最大で８つの分類に落とし込みながら使い分けていたことがわかります。古代人ほど、このように、言葉の使い方が厳密で細かいのです。これは一種の驚きではないでしょうか。

　これに比較して、英語は、目的格という大雑把な語に代弁させるかぎり、たった３つの分類でしか名詞をとらえていません。そんな大雑把な発想で、一体、科学技術を表現できるのでしょうか？

　ボクは、大学院でサンスクリット語を学びはじめた頃、まさにこの疑問を抱きました。古代人がこんなに細かく名詞を分類して使い分けていたのに、なんで英語は３種類の分類法しかないんだろうと。当時は英語史に関してなんの知識もなく、前置詞の役割にも無自覚でしたので、すなおにこういう疑問にぶつかりました。ロケットは無数の「部品＝名詞」で組み立てられていますが、その

無数の「部品＝名詞」と「部品＝名詞」の関係をたった３つの分類意識だけでハンドリングできるはずはないのに、いったいぜんたい、英語を話しているアメリカ人はどうやってロケットを月へ飛ばしているんだと、真剣に悩んだものです。

　言語は音で構成されていますから、サンスクリット語やラテン語の場合、名詞の最後の部分の音を変化させて、「格＝ task」の違いを表現します。それが屈折語のやり方です。そして英語も屈折語の一つです。しかし、英語の場合は、格の数が少ないだけでなく、その格を識別させる音の変化さえもっていません。英語の名詞は日本語と同じように語形変化しないからです。

　本シリーズの第２巻『ひっくり返せば、英語は話せる』でくわしく説明したことを、ここで簡単にくりかえします。英語はヴァイキングがもちこんだ古ノルド語の影響で、名詞の語形変化、つまり格語尾を捨てました。そのため、問題が発生しました。語形変化を捨てて「格」の目印を失った英語の名詞は、主語にした場合と目的語にした場合で、見分けがつかなくなったのです。それは深刻な英語の危機だったのですが、長い混乱期を経て、最終的には、文中における場所で主語と目的語を見分けることにしたのです。

主語 ← 動詞 → 目的語

　このように、動詞をはさんだ位置の違いによって、主語と目的語を区別したのです。これはばつぐんに賢い解決法でした。それで、英語では、Mario helped Maria. は「Mario は、Maria を、助けた」と理解できるようになりました。でも問題が残りました。主語と目的語以外の名詞をどう識別したのでしょう？「まえがき」で述べたことを、ここでもう一度くりかえします。

前置詞のパフォーマンス

前置詞がいかに英語の中で重要な役割を果たしているかを、例文の中で確認

してみましょう。主語と目的語は解決済みですから、SVO や SVC の中心部分は角括弧 [　] に入れておくことにします。例文は簡単なものにしますので訳はつけません。

[I ate Tonkotsu Ramen] Fukuoka.

点線部は Task が不明

➡ [I ate Tonkotsu Ramen] **in** Fukuoka.

下線部は「処格」と判明

[He cooked Tonkotsu soupe] pork bones.

点線部は Task が不明

➡ [He cooked Tonkotsu soupe] **by** pork bones.

下線部は「具格」と判明

　前置詞と一体化していない Fukuoka や pork bones は、文中における task（格）が不明で、文の中でどんな位置づけを得ているのかまったくわかりません。現実に、こういう英語はありません。しかし、前置詞と一体になった Fukuoka も pork bones も、文中での task は明瞭です。つまり、Fukuoka は in と一体化したおかげで「格」を獲得して「処格」であることが明らかになりました。同様に、pork bones も with のおかげで「具格」の名詞として文中での役割を獲得しました。

　これが、前掲の表の中で✓印のついていない部分で使われる英語の名詞の延命方法だったわけです。つまり、英語の名詞は前置詞のおかげで、命拾いしたわけです。文型が変わっても同じです。

[This is Kitakata Ramen] Fukushima.

点線部は Task が不明

➡ [This is Kitakata Ramen] **from** Fukushima.

下線部は「奪格」と判明

[I served Kitakata Ramen] Maria.

点線部は Task が不明

➡ ［I served Kitakata Ramen] **to** Maria.

下線部は「与格」と判明

　前置詞が英文の中で、どういう役割をになっているのか、これで理解できたと思います。学校で教わる英文法の中には、処格という言葉も、具格という言葉も、奪格という言葉も出てきません。でも、英語の名詞には処格も、具格も、奪格もちゃんとあるのです。学校で教わる文法用語だけで英語を理解していたら、英語の真の姿は永遠に見えてきません。学校で教わる英文法は英語の一面しかとらえておらず、信じすぎるとそれは錯覚に近いものになります。そこが学校の英文法の落とし穴です。

前置詞ユニットの定義

　このへんで、「前置詞ユニット」という言葉をきちんと定義しましょう。

定義：
- ●ユニット（unit）とは、機能が統合された最小単位のこと
- ●前置詞ユニットとは、前置詞が構成する最小単位の名詞句
- ●わかりやすくいうと、「前置詞から始まる一番短い名詞句」
- ●構造は： ［前置詞＋名詞］
- ●前置詞は、「前置詞ユニット」を構成するためにあるもの
- ●名詞は、前置詞によって「格＝ task」を与えられる
- ●すべての名詞は、「格」をもつ存在
- ●主格・所有格・目的格だけが英語の「格」ではない
- ●英語を「話す」とき、すべての名詞は「格＝ task」をになう
- ●その「格」を前置詞が、名詞に与えている

　多少反論があっても、しばらくは耐えていてください。最終的には、この自説の根拠が完璧に証明されます。「前置詞ユニット」と名づけた文法概念は、**IAメソッド独自の概念**です。学校で習う英文法にこのような文法用語は出てきませんし、いかなる参考書にも出てこないはずです。

　このような新奇な文法用語を使う目的は、単に新奇さを狙ったためではありません。この言葉を使わざるをえない理由があるのです。その理由とは、日本人が英語をペラペラ即興で話すという目的です。この目的をこの文法用語が現実に後押ししてくれるからこそ、この文法概念は正当なのです。

　この文法概念は、**「話す英語」のための必須概念です**。この文法概念を意識化することにより、口から名詞句が、泉のようにガンガンわいてくるようになります。英語を話す行為の87.5％が口から名詞句を発することだと言った「頭の中の構え方」の説明を思い出してください。その87.5％を支える秘密が、この「前置詞ユニット」の自覚なのです。これは、日本の英語教育では教えられていない文法コンセプトなので、どうしても紹介せざるをえないのです。

　この文法概念は、**「日本人の、日本人による、話す英語のための」** 概念です。

前置詞句＆句前置詞

　既存の英文法には**「前置詞句」**という用語がありますが、IAメソッドではこれを積極的に使いません。なぜなら、「前置詞句」という用語は、名詞句の長さを規定していないからです。その名詞句がどんなに長くても、単に「前置詞句」と呼ぶだけで、長さに規定がないのです。名詞句の長さに規定がなければ、その名詞句は、話すときの役に立たないのです。

　しかし「前置詞ユニット」という言葉には、「ユニット」という言葉自体に、「最小単位」という意味がふくまれていますので、**「前置詞に先導された一番短い名詞句だよ」**という定義が、つねにこの言葉と一体になってあるのです。会

話においては、「**前置詞からはじまる最小単位の名詞句**」という自覚さえあれば、会話はどのようにでも、即興で処理できるようになります。それがつまり、話す力と同義になります。

　また、「**句前置詞**」という言葉もありますが、これも長さの規定をふくみません。ですから、IA メソッドでは、この言葉、このネーミングも無視します。「句前置詞」は、個々の表現と意味をおぼえておいて、使えればいいだけのものです。概念としての名称に意味はありません。具体的な概念関係を下に示しておきます。

●**前置詞句のいろいろ：**

- because of
- at the back of
- in case of
- instead of, 他

　　「**句前置詞**」とも呼びますが
　　長さが明示されていない

- **on** the table　➡　**この表現単位だけを**
　　　　　　　　　　　「前置詞ユニット」と呼ぶ

　ここがくっきり見えていると、前置詞が自由に使えるようになります。

Point # 前置詞ユニットの使い方

まず簡単な例

- ●前置詞をどうやって使うかを、まず、実感してもらいます。
- ●実は、前置詞は、名詞の8格に対応しているだけの語ではありません。
- ●英語には、名詞が8格に限定されているという自覚自体が存在しません。
- ●格を意識しないで、前置詞の意味から名詞を使いこなしてゆく方法を説明します。

```
This    is   ( beer )
```

このままでは、おもしろくもなんともありません。無味乾燥な文です。しかし……。

これはホップの効いたビールです   with striking hops
これは私の晩酌のビールです   for my dinner
これは寝る前に飲むビールです   before sleeping
これは客に出すビールです   for customers
これはアルコール抜きのビールです   without alcohol

　こうして前置詞を使えば、beer をいろいろな beer に変化させることができます。英語が後ろから名詞を飾る言語（後置修飾言語）であることを知っていれば、This is beer 〜とさえ口走るいさぎよさがあれば、その beer がどん

な beer であるかは、口走ってしまってから考えればいい問題になります。英語を自由に話せる人は、みなこの原理と感覚を体得しています。

　前置詞はたくさんありますので、This is beer 〜と言ったあとに、どのようにでもその beer の内容を説明できるのです。その具体例を示してみましょう。

前置詞が、どれほどすごいか？

　前置詞を使って、beer をさまざまな beer に変身させてみましょう。下線部がさまざまな前置詞と一体化した「前置詞ユニット」になります。各文の訳が想像つきますか？　前置詞を使うとどれほどさまざまな表現ができるかを、訳を意識しながら楽しんでみてください。

a) [The beer **after** dinner] was not tempting me.
　　夕食後のビールには、もうそそられなかった。

b) [The beer **among** listed wines] was like a fish out of water.
　　ワインリストの中のビールは、精彩がなかった。

c) I was dreaming [beer **during** hospitalization].
　　入院の間中、ビールを夢見ていたよ。

d) [Drinking beer **against** a hangover] is my medicine.
　　迎え酒のビールは、オレには薬なんだ。

e) We must prohibit [beer **under** 18 years old].
　　18歳以下のビールは、禁止しなければならない。

f) I was fascinated by [the beer **around** Europe].
　　ヨーロッパあたりのビールには、魅了されたさ。

g） Our government welcomes [beer **as** a source of tax].
　　わが政府は税収源としてのビールは、大歓迎さ。

h） [Beer **under** medical care] is poison!
　　治療中のビールは毒だよ！

i） This is really [the beer **beyond** imagination]！
　　これは、ホントに想像を超えたビールだ！

j） The mellow touch BGM was nice to [the beer **at** the counter].
　　カウンターで飲むビールには、メロウな BGM が似合っていた。

k） There is nothing like [beer **in** the open air].
　　野外で飲むビールに、勝るものはない。

l） I enjoyed [beer **behind** nurses] many times.
　　オレ、看護師の目を盗んで、何度もビール飲んだぜ。

m） [Beer **from** my school days] made me an alcoholic.
　　学生時代からのビールで、オレはアルコール依存症になった。

　どうですか？　前置詞の表現力って、すごいでしょう？　前置詞、つまり「前置詞ユニット」を使えば、表現できない日本語って、ほぼないんです。これを知ってもらいたかったので、あえてたくさん例文を出してみました。前置詞の価値を再認識してください。

　ここでは、たんに、前置詞がいかにさまざまな意味やニュアンスを生み出せる語かということをわかってもらうために、上記の例文を示しました。

　本質的には、「前置詞ユニット」を使って、どうやって即興で英語を話すのかというところに焦点が結ばれてゆきますが、それは本シリーズ第4巻のメインテーマである「拡大モード（Expansion Mode）」の説明の中で、完璧に行われます。本書においては、その前に、前置詞そのものに習熟してもらうことに主眼が置かれています。その準備がなければ「拡大モード」も縦横に使えないからです。

　簡単にいえば、前置詞はイメージとして使えなければならないのですが、その訓練、つまりそれへの慣れを、次章からの展開で行います。IA メソッドは論理的に構築された言語習得メソッドですから、ステップをきちんとこなしてゆけば、必ず成果を達成できます。あせらずに、確実に各ステップを消化していってください。といっても、楽しみながら読むだけでいいのです。本書のメッセージや知識を感覚として、自分の体にしみこませるような読み方をしてください。

　ひとつ、体験的な自分の例を話します。ボクがフィリピンをはじめて訪問する直前だったのですが、英語の得意な日本の友人が、「これ読みな！」と言って、貸してくれた本がありました。それは松本道弘氏の書いた『give と get』（朝日新聞社）という本でした。give と get はどんな動詞の代用にもなる。だから動詞を選ぶことに恐れをもつな、ということを説いた本でした。ボクは興味津々でした。そしてそこに書いてあることが、完全に自分の血肉になりました。たった1回読んだだけなのに、完全に、感覚的に、give と get の使い方が自分のものになったのです。偶然、その直後からフィリピンを訪れるようになりました。それから、何千回、何万回と give と get を使ってきましたが、自分の話す英語の自信の一部を支えてくれている知識は、間違いなく、松本氏の本から吸収した give と get の知識です。ボクは、いまだに、松本氏に深い感謝の気持ちを抱いています。

INDIVIDUAL
ASCENDING
METHOD

第3章

前置詞は、
イメージにしてしまえ！

第 3 章

Point その前に、前置詞って、どれだけあるの？

　英語に、前置詞がどれだけあるか、知っておく必要がありますが、総数を知っておくだけではなく、使う頻度に合わせて、グループ分けして理解しておくといいでしょう。

第1水準、第2水準、第3水準

　ボクは自分で使う頻度に合わせて、3つのグループに分けて使ったりして、生徒に教えてきました。使用頻度の高い方から、第1水準、第2水準、第3水準と命名してきました。以下に、それを紹介します。あくまでも、ボク自身の感覚でとらえた分け方です。

第1水準：最重要

| with / without | for / to / from | in /on / at / of |

第2水準：つねにスタンバイしておく

| after / before | about / around / among |

| under / above / between / by / behind / as |

第3水準：ここまで、使い切りたい

against / along / below / beside / beyond / within
during / near / off / over / since / through / until
like / except / toward / inside / outside / including / into

　これが自分の頭の中の、なくては困る前置詞であり、優先順位で分けたグループです。厳密にはもう20語くらいありますが、使用頻度は極端に落ちますから、以上をおぼえておくだけで十分でしょう。

　第1水準は、完全にイメージになっていなければならないものです。はっきりいって、これだけで英語は話せます。第1水準の使用頻度と重要性は圧倒的で、これらがなかったら英語は話せません。以下では、これらのイメージを徹底的につくりあげます。

　第2水準は、必要に応じてすぐに思い浮かぶようでなくてはいけません。これらも、使い分けるときはイメージで使い分けるのが正しい方法です。第3水準までは、自分のものにしてください。

　前置詞に関して、一点だけ、大切なことを述べておきます。文を書くときは、その選択が正しいかどうかを必ず辞書で確かめて書く必要があります。しかし、「話す英語」では、自分がもっている感覚で使ってかまいません。たとえ間違っても、気にする必要はありません。会話はつねに流れてゆくものであり、話した言葉はどんどん消えてゆくからです。消えた言葉にこだわる必要などありません。本当にこだわりたいなら、言い直せばいいだけの話です。

　前置詞は感覚で使うべきものですから、自分が選んだ前置詞で聴いたほうも言葉のニュアンスを受け止めます。それは「正しい、正しくない」の問題ではないのです。そこに神経質になりすぎるのは間違いです。そういうこだわりは、杞憂だと思って捨ててください。

始める前の注意！

● これから第1水準の前置詞を、自分のイメージに育ててゆきます。

● ゲーム感覚でやってください。どうやるかというと、用意してある解答例を紙か何かで隠して、自分で表現全体を考えてみます。実際に声に出してフレーズをつくってみるのが理想的です。

● スマホの録音機能を使うのもいい方法です。事前に例文の日本語を、一文の間を少し空けながらすべて録音しておきます。それで一つずつ日本語のフレーズを再生させつつ、即興で、実際に声に出して英語訳してみます。この方法でやると、目で読み進めるだけの方法にくらべて100倍の効果が生まれます。紙片で隠しておいた解答例を見ながら、一つずつ確認していけばいいでしょう。まじめにこの方法でやると、前置詞の理解力だけでなく、逆転モードの思考力も同時に養えます。100倍の効果をつかむかどうかは、あなた次第です。強制しません。時間のあるときに、ここへ戻ってコツコツやってみるのがいいでしょう。

● 解答例と並べて書いてある解説を楽しみながら読んでゆくのもありです。それを読んでゆくうちに、自然とイメージが形成されてゆくようにしてあります。いちいち自分で解答を考えるのが面倒くさい人は、解答と解説を読み重ねるだけでもある程度イメージは形成されてゆきます。ただし、各説明と解答例を、急いで読み飛ばさないでください。なぜそういう表現になるかを考えつつ、納得しながら読み進めてください。「なるほど！」「なるほど！」と、感覚的に納得するようにして読んでください。そうすれば、イメージが形成されてゆきます。

◉ 一番重要なアドバイス：求められている解答では、たとえば；
［ケンタッキー の フライドチキン ➡ Fried chicken of Kentucky］のように、日本語の語順と英語の語順が逆転します。そして、この逆転に慣

れることが、前置詞の使い方に慣れるのと同じくらい重要です。ですから、100倍の効果をつかもうとする人は、実際に声を出し、つぶやきながら読み進めてください。その積み重ねが逆転思考を鍛えます。

●そのときに冠詞を a にするか、the にするか、あるいは名詞を単数形にするか複数形にするかも同時に考えたら、思考の流れが阻害されます。今の時点では、冠詞はどうでもいいのです。また単・複の区別も、どうでもいいのです。それより、逆転の速度の方が重要です。名詞につける冠詞も、単・複の区別も、無視してください。解答例も、そのように用意してあります。どうしても自然についてしまう冠詞や複数語尾は自然にまかせました。そもそも、前後関係のない短い名詞句に正確な冠詞をつけようとしたら、思考は止まり、無益な時間が流れだします。それなら、最初から読み進めるだけの方がずっとましです。この注意は重要です。

●解答例を見て、絶対に上記の注意点に目くじらを立てないでください。本書の意図も目的も、普通の参考書とは大きく違います（解答は無数の表現が可能です。用意したのは一つの例です）。

第 3 章

Point 第1水準の前置詞、 そのイメージ

> **with：何かが、何かに、くっついていれば with**
> **形のあるものでも、ないものでも、なんでもいい！**

※ with はもっとも使い勝手のいい万能選手です。圧倒的な出場率を誇ります。見出しに示してあるイメージにそって、何が、何に、「くっついているか」を考えてください。

●プールつきの邸宅

Residence **with** swimming pool

日本語に「プールつき」とあるので、迷いようはないでしょう。

●砂糖の入ったコーヒー

Coffee **with** sugar

これだって、砂糖がコーヒーに「くっついている」ことになるんです。

●エクボの可愛い女の子

Lovely girl **with** dimples

ほっぺにエクボが「くっついている」から、この子が可愛いんでしょ？

●幽霊の出る屋敷

Mansion **with** ghost

家に幽霊がくっついていたら、どうしたって、その幽霊は「出る」ことになる。

●**ありあわせの夕飯**

Dinner **with** remaining side dishes

「ありあわせ」とは、前の晩の余りものが付随していることでしょ。

●**軽装の登山者**

Climber **with** light clothing

「軽装」は安易な準備の結果。だったらその安易な準備自体が～。

●**カメラ内蔵の携帯電話**

Cellphone **with** camera

「内蔵」を直訳しちゃダメ。こんな言葉、日本語の自己満足にすぎません。

● **GPS 搭載ドローン**

Drone **with** GPS

「搭載」も同じ。翻訳のツボは、日本語にだまされないこと。日本語はつねに罠です。

●**残高たっぷりの銀行口座**

Bank account **with** much balance

お金が口座に残ってるんなら、そのお金が口座にくっついている。

●**残高の切れた Suica**

Suica **with** no balance

残高が「切れた」んだから、no balance がくっついているわけです。

●**好感の持てるホテル**

Hotel **with** good impression

「好感」を代弁できて、「くっついている」といえる言葉は何？

●**いけ好かない女：**

Woman **with** something thorn

「何かトゲみたいなもの」が、「くっついている」女と表現しちゃった。

●**穴のあいたヤカン**

Kettle **with** a hole

「穴」は欠落部分。でもその欠落部だって、「くっついている」ことになる。

●**下心をもった提案**

Proposal **with** hidden purpose

「提案」に「下心」がくっついていると考えればいいでしょ？

●**有り金はたいた投資**

Investment **with** all in all

投資に「有り金全部」をくっつけちゃったらどうだろうか？

　どうでしたか？　歌謡曲のタイトルの翻訳より、意表を突かれたと思います。しかし、これらはみな、ネイティブなら素直にイメージできる表現です。日本語との多少のギャップは気にしないでください。初心者はそこが気になりますが、慣れてゆくと表面的なギャップを気にしなくなります。一番大切なことは、自然な英語になっているかどうかです。with はどんなときでも、「くっついている」というイメージで処理します。これはボクが自分で身につけた感覚で、一押しで推薦します。

> **without：欠落。あるべき何かが欠けていれば without**
> **欠けているものに、形があっても、なくてもどうでもいい！**

※ without は with の反対。日本語に何か「欠落」が含意されていたら
without です。

◉**庭のない家**

House **without** garden

日本語に「〜のない」とあったら、間違いなく without です。

◉**使途不明金**

Expenses **without** purpose

「不明」なのは「使途」だから、それが「欠落」しているんだよね。

◉**愛想のない医者**

Medical doctor **without** smile

フィリピンでは、腕のいい医者ほど顔にスマイルがあったよ。

◉**パンチの効いてない印度カレー**

Indian curry **without** striking spices

「効いていない」ということは、パンチが「欠落」している。

◉**晴れ上がった空**

Sky **without** any cloud

晴れ上がった空には、いつもはある「雲」が欠落しているはず。

◉**パサパサの肉**

Meat **without** fat

パサパサを訳してはダメ。何が「欠落」しているかを考えたほうが正解になる。

◉**差出人不明の手紙**

Letter **without** sender's name

差出人の名が「不明」なんだから、それが「欠落」でしょ？

◉**パワステ不対応車**

Car **without** power steering

「不対応」ということは、その機能が「欠落」していることになる。

◉**水しか出ないシャワー**

Shower **without** hot water

このシャワーに「欠落」しているのは何？　安ホテルはみなこうだった。

◉**つながらないコールセンター**

Call center **without** response

イライラするけど、何が「欠落」しているのだろう？

◉**不摂生な食事**

Eating habits without balance

こういう食生活では、何が「欠落」していることになるかな？

◉**証拠不十分の起訴**

Prosecution **without** sufficient proofs

「十分な証拠」が「欠落」の実体なんだから。

◉**香らない南国の花**

Tropical flowers **without** fragrance

これホントです。南国の花には香りが「欠落」していた。

in：一定の制限の幅の中
空間だろうが、時間だろうが、観念だろうが、なんでもいい！

※ in はコップの中や部屋の中など、物理的に制限された空間だけを指すのではありません。もっと非常に広いイメージをもった語です。自分の経験から抽出されたイメージ＝定義は、「**一定の制限の幅の中**」です。それを、これからくわしく説明します。この in の使い方が感覚的にわかるようになると、英語が非常に楽になります。たっぷり例を出します。

●東京の帝国ホテル

Imperial Hotel **in** Tokyo

東京と呼ばれる地理的に限定された土地に立つホテル。

●ひなびた温泉

Hot spring **in** remote area

都会から離れた限定的な土地の中の温泉。宿は古びていない。

●拘置所の容疑者

Suspect **in** detention cell

拘置所は限定的な空間。入れられたら自由に出られない場所。

●夏の想い出

Memory **in** the summer

春や秋から時間的に分けへだてられた季節、その中の想い出。

●鹿児島県の特産品

Local specialty **in** Kagoshima

鹿児島の県境を外れた産物は、もう鹿児島県産ではない。

◉**夢で見た宇宙旅行**

Space travel **in** night dream

睡眠中の夢という限定的な意識状態の中で見た宇宙旅行。

◉**工学博士号**

Doctor's degree **in** Engineering

医学でも文学でもなく、工学という限られた学問領域内の博士号。

◉**英語の演説**

Speech **in** English

フランス語でもスペイン語でもなく、英語という限定された言語の幅の中での演説。言語を表現する場合に in が多用される理由はここにあった。

◉**ドイツ語の翻訳**

Translation **in** German

その翻訳はドイツ語という限定的な言語の幅の中の翻訳。

◉**南シナ海の尖閣諸島**

Senkaku Islands **in** South China Sea

尖閣諸島はインド洋上にはない。海域は限定されている。

◉**1941年の悲劇**

The tragedy **in** 1941

「ニイタカヤマノボレー二〇八」の暗号は、この年の12月08日を意味していた。この山は台湾にあった。（真珠湾攻撃を命じる暗号）

◉**メガネをかけた小学生**

Elementary pupil **in** eyeglasses

「メガネをかける」は in で表現する。動詞を使うなら wear。

◉**赤い靴の女の子**

Young girl **in** red shoes

「靴を履く」も in。確かに足は靴という物理的制限の幅の中に収まる。

◉**現金支払い**

Payment **in** cash

小切手でもなく、カードでもなく、現金という限られた通貨の幅の中で実行される。

◉**蒼 穹のアクロバット飛行**

Acrobatic fly **in** blue sky

空だって、海とも陸とも違う、限定的な領域でしかない。

(蒼穹：青空のこと)

どうです？ in のイメージがわきました？ in は閉鎖空間を指すだけではないのです。このイメージをつかむと英語は非常に楽になります。

> # at：時間と空間のピンポイント
> ## 一瞬、限定された場所、たまたまの状況、一時的な様子

　at もすでに、かなり述べてありますが、ここで徹底的に自分のものにしてもらいます。イメージの定義は**「時間と空間のピンポイント」**。何度も述べてありますよね。しかし、使用頻度は非常に高いです。in と対比しながらおぼえておくといいでしょう。

◉街角の少女
　Young girl **at** street corner
　街角は場所的なピンポイント。そこに少女がポツンと立っている。

◉プレゼンをしている CEO
　CEO **at** presentation
　CEO はたまたま今、聴衆の前でプレゼン中。時間・空間、両方のピンポイント。

◉信号待ちのアイドリング
　Idling **at** traffic light
　信号待ちは数秒間のことだから、この状況は、時間的なピンポイント。

◉昼食時のおしゃべり
　Chatting **at** lunchtime
　昼食時間は、仮に 1 時間でも短い時間。だから時間的ピンポイント。

◉ベンチでの一服
　Smoking **at** a bench
　タバコを 1 本吸う時間も、ベンチという場も、まさに時・空のピンポイント。

◉**標的を狙う狙撃兵**

Sniper aiming **at** target

スナイパーに狙われている人物・標的は、これ以上ないピンポイント。

◉**一瞬の白昼夢**

Daydream **at** a moment

白昼夢は、醒めるとまさに一瞬のことと気づく時間的ピンポイント。

◉**絶妙のジョークへの爆笑**

Outburst laughter **at** timely joking

絶妙のジョークで、いきなり全員が、ブハッ〜と噴き出す。

◉**コンビニでの駐車**

Car parking **at** convenience store

コンビニに駐車するのは数分だし、車も狭いスロットの中に入る。

◉**これ以上はない割引**

Discounted price **at** the bottom

底値なんだから、どん詰まりの一点の値段ということになる。

◉**119番の緊急呼び出し**

Emergency call **at** 119

call at 〜 は決まり文句。

ピンポイントをイメージさせる常套表現。

◉**自分自身へのテストメール**

Test mailing **at** own address

世界中の無限数のアドレスの中の一点が、自分のアドレス。

◉山頂の雪

Snow **at** top of the mountain

とんがった山頂はまさに一点で、空間的なピンポイント。

◉絵が天才的にうまい子

Gifted child **at** drawing

たくさんある才能の中の一つの才能だから、ピンポイントをイメージさせる。

◉途方(と ほう)に暮れている先生

Teacher **at** a loss

意識が呆然自失(ぼうぜん じ しつ)でまわりが見えなくなり、先生自体がピンポイントになった感じ。

on：軽い接触、かすかな接点、軽くふれている感じ
べったり濃密に接触していない感じや、イメージ

●クッションで寝る猫

Sleeping cat **on** a sofa

クッションも猫も、どっちも軽そうで、接触はかすかな感じ。

●電線にとまるスズメ

Sparrows **on** electric wire

スズメが電線にとまる様子は、軽々とした接触のイメージ。

●壁のシミ

Stain **on** the wall

シミだって、壁の表面にのった物質で、消せば消えるはかない存在。

●食品にかかる消費税

Sales tax **on** food products

食品の上にポンとのる感じの税。消費税は海外では販売税と理解される。

●天井にいるヤモリ

Gecko **on** ceiling

逆さの天井でも on、必ず知っておいてください。ヤモリってすごいんだね。

●2020年の大統領選挙

Presidential election **on** the year 2020

年代の表現は on か in。この年から世界は完全に狂った。いや、狂っていることを隠さなくなった。

◉**仕事中のオペレーター**

Operator **on** duty

on duty も決まった表現。一時、仕事にのっかってる感じ。終わったらすぐ帰る。

◉**電話でキッス**

Kiss **on** a phone

昔々、こんな歌があった。これ、しょせん、アメリカ人のイメージだからさぁ。

◉**カツカツの生活**

Critical life **on** limited income

生活が、つましい収入の上にギリギリのっている感じ。

◉**指にはめたダイヤの指輪**

Diamond ring **on** a finger

指輪は指の表面に触れている。一点だろうが、円環だろうが同じ。

◉**夜行バスの乗客**

Passengers **on** night bus

乗り物に「乗る」は、普通は on でいく。イスに一時、乗っているだけだから。

◉**屋上のペントハウス**

Penthouse **on** the roof

on the roof は決まりきった言い方。最上階にちょこんとのっている感じ。

◉ **GDP 年次報告書**

Annual report **on** GDP

この on は「〜に関する」。この使い方は行政文書のタイトルに頻出する。

◉**帰り道のハプニング**

Happening **on** the way back

on the way も常套表現。道の上で、ひょいと起こった感じ。予定の時間に
やって来ない人に電話すると、フィリピン人は必ず On the way! と答える。
でも、まだ家にいることが多い。

◉**腕のチンケなイレズミ**

Cheap tattoo **on** arm

根性のない安っぽいイレズミが、腕の表面に自信なげにのっている感じ。

> # for：対象に恩恵や思いやりが向けられ、温もりがある
> ## 〜のため。目的・対象、原因・理由、時間の長さに用いる

◉売り家
House **for** sale

売りたい人が、売る「ための」家。フィリピンでは Buy & Sell というタブロイド判が有名だった。

◉風邪薬
Medicine **for** cold

風邪を治す「ため＝目的」の薬。マニラでは一度もらった処方箋が何度も使えた。帰国後、日本ではそれがダメだと知った。

◉若葉マーク
Traffic sticker **for** beginner driver

初心者ドライバーへの「思いやり」を for に感じとりたい。

◉重労働による腰痛
Backpain **for** heavy labor

重労働が「原因」の腰痛。because of や from も使える。

◉博多行き新幹線
Bullet train **for** Hakata

「進行方向」や「目的地」をあらわすのも for。もちろん to でもいい。

◉動物愛護精神
Pity and Love **for** animal protection

その精神は絶対に動物たちへの「思いやり」にあふれている。

前置詞は、イメージにしてしまえ！

◉**有害電磁波の病気**

Illness **for** harmful electro-magnetic waves

この for は「原因」をあらわしている。

◉**排ガス規制**

Regulation **for** emission control

車の排気ガスをコントロールするという「目的」のための規制。

◉**10日間の有給休暇**

Company leaves **for** ten days

「時間の長さ」や「期間」をあらわすのも for の役目。

◉**不注意による自動車事故**

Accident **for** careless driving

不注意が「原因」だから for。眠いときは大声で歌いながら運転するといい。

> **to：前へ進む直線のイメージ。ニュートラルで温もりがない**
> **対象、目的、到達点、方向を指し示すイメージ**

◉**成田空港行きリムジンバス**

Limousine bus **to** Narita Airport

目的地は変更できない。まっしぐらに成田空港へ向かうバスだ。

◉**両親への不平不満**

Complaint **to** own parents

自分の親への不満は、自分の親にストレートにぶつけるしかない。

◉**カソリック神父への告白**

Confession **to** Catholic Father

神父だけが神への取次ができるので、神への告白は神父にする。ほんとに取り次いでくれるのかなあ。

◉**国会議事堂への示威行動**

Rally **to** the National Diet

抗議をぶつけるには、しょせん、建物にぶつけるしかない悲しさよ。

◉**駐日英国大使**

British Ambassador **to** Japan

大使を送り出す国から見たら、こういう表現になる。日本は宛先。

◉**標的への艦砲射撃**

Naval gunfire **to** the target

ターゲットは正確に計測され、砲弾はピタリと対象に当たり破壊する。でも軍艦の大砲って、何度も試し打ちしながら、しだいに照準をしぼってゆくんだよ。

◉**駅への近道**

Short cut **to** the station

近道はひたすら目的地をめざす。マニラの渋滞では、路線バスも近道した！言葉がなかった‼　フィリピン人の思考と行動の柔軟性には舌を巻くしかなかった。日本人も少し見習ったほうがいい。日本人は四角四面で、杓子定規すぎる。

◉**金庫のカギ**

Key **to** safety box

その金庫に合わないカギは、カギの役をなさない。カギの対象は特定の金庫。だから to。

◉**担任教師への訴え**

Appeal **to** classroom teacher

アピールは、対象を間違えるとなんの意味もなくなる。先生は、愛情を注いでくれた先生しか思い出に残らない。

> **from：起点、原点、原因、離反をあらわす「〜から」**
> **場所でも、人でも、時間でも、状況でも、なんでもよい！**

◉**恋人の手紙**

Letter **from** boyfriend / girlfriend

誰から来た手紙かを言いたい場合は from になる。

◉**下りの始発列車**

The first train **from** Tokyo

東京発のことを「下り」というが、それは英語では from Tokyo。

◉**ポルトガル生まれのカステラ**

Castella **from** Portugal

ものごとの、起源、発祥、由来、語源等、源はなんでも from。

◉**ロンドン出身のモデル**

Fashion model **from** London

人間の出自、出身地、背景、過去等も from。

◉**先生のアドバイス**

Advice **from** teacher

アドバイスの「出どころ」を言いたいのなら from。いかにも先生らしい忠告なら of。

◉**コンピューターが生んだ犯罪**

Crime **from** computerization

「生んだ」んだから、発生源が問題になっている。この種の犯罪、最近多すぎる！　許せん！

◉**飲酒がもたらした病気**

Illness **from** drinking habit

「もたらした」ってことは、「どこかから、もたらされた」ってことになる。

◉**拝金主義の成れの果て**

Ruin **from** money worship

成れの果ては破滅。出発地点があるはず。破滅は「そこから」来ている。

◉**核戦争のシェルター**

Shelter **from** nuclear war

シェルターは「何かから逃げて」身を隠すところ。シェルターなしのアラート？　意味あんの？　無策の極み！

◉**聖書からの引用**

Quotation **from** the Bible

引用先は from であらわす。聖書はよく引用されるが、背景が理解デキン！

of：［of ≠ の］の場合が多い
［の］は要注意、［の］はくせもの

- 日本語の「の」、格助詞の「の」はくせものです。
- 「の」をどう読み解くかによって、前置詞の使い方が大きく変わってきます。
- ［の＝ of］とは限りません。往々にして、［の ≠ of］なのです。注意してください。

　訳そうとする日本語表現の中に「の」が入っていたら、90％、その「の」は of ではありません。その「の」が、of 以外のどんな前置詞を代弁している「の」なのかを、必ず疑ってください。この意識をもつだけで、できあがる英語は精彩のあるいい英語になります。

　英語を上手に話したり書いたりできる人は、全員、この事実を知っています。ですから、これを知らない人は英語の素人ということになります。さあ、そんな汚名をここで捨て去りましょう。以下の例をきちんと納得してゆくだけで、自信をもって of 以外の前置詞を選べるようになります。

- ◉ NY の証券マン：〜にいる　　　➡ Stock trader **in** NY
- ◉ ハワイのお土産屋さん：〜にある　➡ Souvenir shop **in** Hawaii
- ◉ 同時通訳の経験：〜としての　　　➡ Experience **as** simultaneous interpreter
- ◉ タキシードの男：〜を着た　　　　➡ Man **in** tuxedo
- ◉ お腹の脂肪：〜のあたりの　　　　➡ Fat **around** waist
- ◉ 高速道路の事故：〜の上の　　　　➡ Accident **on** highway
- ◉ 友情の絆：〜による　　　　　　　➡ Bond **by** friendship
- ◉ 試行錯誤の賜物：〜のあとの　　　➡ Luck **after** trial and error
- ◉ 戒厳令の夜：〜の下の　　　　　　➡ Night **under** Martial Law

●掃きだめの鶴：〜の中の　➡ Outstanding person **among** ordinary guys

●よそ者の悲哀：〜ゆえの　➡ Loneliness **for** outsider

●荒城の月：〜の上にかかる　➡ Moon **over** the ruined castle

●車窓の風景：〜からの　➡ Scenery **from** train window

●運の尽き：〜における　➡ Dead-end **in** Life

●社長の命令：〜からでた　➡ Order **from** President

●看護師の賃金：〜としての　➡ Wage **as** nurse

●介護士の労働条件：〜のための　➡ Working conditions **for** care giver

●血縁の確執：〜の間の　➡ Conflicts **between** relatives

●夕闇の忍びあい：〜の下での　➡ Hidden date **under** twilight

　日本語の中から、実質的な意味をつかみとり、それをさまざまな前置詞に代弁させるのです。慣れると、これが感覚的にできるようになります。それより、考えること自体が楽しくてならなくなります。

日本語の「の」を機械的に of にあてるのは、やめましょう！

その他の前置詞の
イメージ

第2水準、第3水準の前置詞のイメージを、簡単に示しておきます。

第2水準の前置詞

前置詞	意味	使い方のイメージ
after	〜のあと	時間、空間、位置、順序、順位、過程、気持ち等すべて
before	〜の前	時間、空間、位置、順序、順位、過程、気持ち等すべて
about	〜について	大雑把で適当な感じ。限界が不鮮明なイメージ
around	〜のまわり	何かのまわり。何かを取り巻く円のイメージ
among	〜の中に	多数の中の一つ、一人、一個のイメージ
under	〜の下に	下、下等、劣等、および何かが何らかの状況下にあるイメージ
above	〜の上に	浮いている感じ。何かの上に空間があるイメージ
between	〜の間に	2つの対象にはさまれている。物でも状況でもなんでもいい
by	〜のそばに	すぐそばにあるイメージ。限界や限度、手段
behind	〜の背後に	物の後ろだけではない。状況や心理にも使う
as	〜として	用法は狭いが、使用頻度は高い

　シンプルな使い方と、意識しておきたい使い方を2例ずつ紹介します。解説
は省略します。

明後日：　　　　　　　　The day **after** tomorrow
東京オリンピックのあとのパリ：Paris **after** Tokyo Olympics

台風シーズン前の収穫：	Harvest **before** typhoon season
郵便局の手前の角：	Corner **before** post office
デジタル庁の噂：	Rumor **about** Digital Authority
遺伝子工学の本：	Book **about** genetic engineering
太陽のまわりの全惑星：	All planets **around** the Sun
１千万円前後の預託金：	Deposited money **around** 10million yen
孤立した部隊：	Remained troop **among** enemy
紅一点の参加者：	A beauty **among** male attendees
次の条件下での合意：	Contract **under** following conditions
拷問を受けているテロリスト：	Terrorists **under** torture
富士山上空の UFO：	UFO **above** Mt. Fuji
75歳以上の高齢者：	Senior citizens **above** 75 years old
指にはさんだタバコ：	Cigarette **between** fingers
当事者間の合意：	Agreement **between** persons concerned
カードでの支払い：	Payment **by** card
夜10時の門限：	Curfew **by** 10:00pm
政府の裏にいる官僚：	Bureaucracy **behind** the cabinet
外交表現の裏の真意：	Hidden message **behind** diplomatic words
ナンバー・ワンとしての日本：	Japan **as** Number One
現代病としての癌：	Cancer **as** modern illness

第3水準の前置詞

　ここで紹介する第3水準の前置詞まで使いこなせば、英語で表現できない名詞句はなくなります。一気におぼえようとしても無理ですから、長い時間をかけて、感覚的に取り込むようにしてください。自分がしょっちゅう使うものから取り込んでいくのが正しいおぼえ方です。前置詞ごとに、辞書を時間をかけて丁寧に読むのも大切なことです。用例は省略します。

前置詞	意味	使い方のイメージ
against	～に対して	抵抗感のある対象に、強引に向かってゆく感じ
along	～に沿って	何かに沿って、長～く伸びている感じ
below	～の下で	何かの下方に、何かがある感じ
beside	～の隣に	何かが、何かのそばにあるイメージ
beyond	～を飛び越えて	飛び越えてゆくイメージ、接触していないイメージ
within	～以内に	一定の範囲の中というイメージ
during	～の間中	前後で区画された一定の時間や長さ、状況でもよい
near	～の近く	空間や位置関係だけに限定されない
off	～から離れて	離れている、離れてゆく、遠のいてゆくイメージ
over	～の上に	空間だけでなく、超えているものはすべて
since	～以来	時間の起点、理由を表すこともある
through	～をとおして	時間・物体・状況、その中を通り抜けてゆくイメージ
until	～まで	一定時点までの時間の継続
like	～みたいな	マドンナの Like a virgin を思い出して
except	～を除いて	除外されるものはすべて
inside	～の内側に	外に対する、内側がイメージされている
outside	～の外側に	内に対する、外側がイメージされている
including	～をふくんで	ふくまれたり、許容されたりするものすべて
into	～の中に	何かの中に入り込んでゆくイメージ
toward	～に向かって	進んでゆく先をあらわす

前置詞は、イメージにしてしまえ！

Point 複数の前置詞を使う

構造分析

　今までの練習でつくった名詞句はみな、1つの前置詞を2つの名詞が両側からはさむ構造になっていました。図示すれば、以下のような構造です。

> [名詞 ＋ 前置詞 ＋ 名詞]　　　　例）〜〜 of〜〜

　この英語構造では、名詞の位置が、日本語の名詞位置と逆になります。（例）ケンタッキーの　フライドチキン ➡ Fried chicken of Kentucky。ここまでは、頭の中で「名詞の語順を逆転することが英語を話すことだ」と喝破（かっぱ）しつつ、1個の前置詞ユニットを使うことを練習してきたわけです。別の言い方をすれば、前置詞1個を使った逆転フレーズのつくり方を練習してきたわけです。

　ここからは、もう少し複雑なパターンを練習します。前置詞の数を2個に増やすのです。「ええッ、そんなことできるの？」と思うかもしれませんが、もちろんできます。ここを練習しておかないとダメなのです。やってみましょう。より複雑な表現を口頭でアウトプットできるようになります。

> [名詞 ＋ 前置詞 ＋ 名詞 ＋ 前置詞 ＋ 名詞]

めざす構造はこういうことです。確かに、難しそうです。でも、実際の例にふれれば、「なるほど！」と思えるはずです。例えば；

雨の日にテーブルの下で眠る猫

これを英語に訳してみましょう。初心者は、このような日本語を口頭で英語に訳せません。しかし、これくらいの表現は日本語を使った日常生活では常識ですし、自然な長さです。ですから、つくり方を意識化しておかないと英語でこれを言えません。ここをちゃんと、方法として客観視しておく必要があります。そうしないと、無意識に思い浮かぶ日本語を瞬時に英語に変えながら話すことは、夢のまた夢になってしまうからです。では、この日本語を分析してみましょう。

雨の日 に **テーブル** の下で **眠る猫**

こうなっているはずです。太字の部分が名詞。下線部が前置詞で処理すべき部分です。これを英語に訳すと以下のようになります。

A sleeping cat under **the table** in **a rainy day**

まず、この表現に冠詞がついていることに注意してください。これくらいの表現になると、表現自体に状況が浮かび上がってきますから、冠詞なしの英語では不自然です。適当でいいですから、冠詞をつけて言葉を口走る習慣を身につけてください。A sleeping cat でも The sleeping cat でもいいし、a table でも the table でもかまいません。冠詞と一緒に名詞を使う練習をここから始めます。

口にしやすい冠詞を使ってください。当然、名詞の単数形と複数形の違いに

も気を配るようにしなければなりませんが、厳密な判断はムリですから、自然と連想される範囲での軽い判断で単・複の区別をつけはじめてください。しかし、あまり神経質にならないことが大切です。まだ完全な文脈はないのですから、正解は確定できません。その名詞句なりの自然さが冠詞と単・複に反映していれば十分です。

さて、構造分析ですが、３つの名詞の語順を、日本語と英語で具体的に比較してみます。

みごとに逆転しています。この語順逆転を頭の中で処理することになりますが、頭にかかるメンタルなストレスは名詞２個の場合よりはるかに大きくなります。初心者にはこれができません。だから、みんな英語を話すのを避けるようになるのです。ですから、ここが英語を話す行為にとっての現実的な壁になります。どうすればいいのでしょう？　日本語に戻って考えてみましょう。意味的には以下のような構造になっているはずです。

雨の日にテーブルの下で → 眠る猫

先行する波線部は修飾句です。つまり「眠る猫」を飾っている部分です。日本語では修飾語が先にきて、飾られる語つまり被修飾語があとにきます。つまり、「修飾語 → 被修飾語」の流れになりますが、英語ではこの流れが逆転します。つまり、「被修飾語 ← 修飾語」という構造に変わります。

A sleeping cat ← under the table / in a rainy day

これが英語の構造です。最初に説明したとおりになっています。

　これが見えると、処理の仕方も見えてきます。つまりこれは、語順の逆転というよりも、思考の流れの逆転なのです。英語と日本語では思考の流れ方が違うのです。被修飾語というのはいわば結論です。修飾語というのは枕詞、相撲の露払いみたいなものです。日本語ではまず格下の人間が出てきて、大御所は最後に登場します。しかし英語では、まず大御所をド〜ンと出してしまいます。そのあとに格下の御供や家来たちが、「うちの親分はすごいんだぞ〜！」と、親分の内容をいろいろ説明しながらついてくるのです。英語は結論が先で、説明はあとまわしなのです。

　この説明は「逆転モード」の説明であり、本シリーズ第 2 巻、『ひっくり返せば、英語は話せる』の中でくわしく説明しました。ぜひ読んでください。これは日本文化の本質と西洋文化の本質の違いにつながる部分であり、実は、非常に深い問題をふくんでいます。文化人類学者のレヴィ＝ストロースも、日本文化と西洋文化の究極の違いを説明している部分で、ここにふれています。それほどここは深い闇を内包している部分なのですが、日本人がこの思考の流れの逆転に弾き飛ばされて、多くの人が英語を話す行為を断念してしまいます。しかし、それは無理もないといえば無理もないのです。それほどここは、深い闇の部分です。本当の闇は簡単な現実や目の前の現象の裏に隠されています。ですから、ここへの注視が無視されてきたのも、しかたがないのかもしれません。

　しかし、それであきらめてしまっていいはずも絶対にありませんから、ここを克服するのが IA メソッドの使命になります。

　日本人が自分の思考の特性を客観視して、それと逆になっている西洋人の思

考のパターンも客観視できるようになれば、克服可能です。克服できないのは、自分も相手も見えていなかったからです。両方が見えていれば、対処の仕方がわかります。思考の流し方、つまり発想を変えればいいわけです。慣れといえば慣れですが、しかし単なる慣れでは膨大な時間がかかってしまいます。そうではなく、意識的な慣れ、意識的な挑戦をしてほしいのです。自分の思考の流れ方を、自分の思考の流し方にするのです。意識的に、能動的に行うのです。

　日本の小さな子供が両親と一緒に欧米へ行くと、子供はこの思考変換をあっという間に身につけてしまいます。しかし、大人の両親はそうはいきません。意識的に反復練習して慣れるしかありません。夫と一緒に海外へ行って、英語を話せないままで日本へ帰ってくる奥様方はたくさんいます。意識的な反復練習は避けて通れない日本人の宿命です。肚を括ってください。

　普通の日本人は、海外へ飛び出しても、この逆転原理にさえ気づかずに、現地で悪戦苦闘します。10年くらいはあっという間に過ぎてしまいます。しかし、最初からこの原理の違いに気づいていたら、結果はまったく違ってきます。１年か２年で、なんとか自分の気持ちを英語で表現できるようになるでしょう。車の運転を知らない人が車の運転を習いはじめたころの苦労を思い出してください。あの過程を省略して街で車を運転することができますか？　また、それが許されますか？　でも免許を取得して車を自由に運転できるようになったあと、どれほど自分の生活が便利になったか、思い出してください。まったく同じことです。

　ボクは、海外へ出てから車の免許を取りましたが、生活がどれほど便利になり、仕事がどれほど飛躍したか言葉では表現できません。ですから、「日⇆英」思考の逆転がもたらす恩恵や利益は、車の運転の利益どころではないのです。スマホを手放せますか？　コンピューターを使わずに仕事ができますか？　対象が手に取ることのできる「物」ならば、日本人はあっという間にそれを使いこなしてしまいます。しかし、目に見えない「もの」は「ない」と錯覚して、その習得を放棄しているのも日本人です。ですから、ここがチャンスなのです。

普通はそう考えて放棄してしまうものを、そう考えずに、ちょっと意識的に努力して自分のものにしてしまうなら、それは、ほかの多くの人々と自分を引き離す大きな勝機になるのです。

　コロナ以降、世界も日本も変質してしまいました。世界は意図的に破壊されはじめています。気づいている人は多いと思いますが、世界も日本も、すでに淘汰の時代に突入しています。コロナ以降、日本人が安易に法を犯すケースが急増していますが、それも淘汰のスガタです。一人ひとりが、自分を守るしかないのです。スマホを使いこなすのも自分、コンピューターを使いこなすのも自分、車の運転資格を取得するのも自分です。この現実は、変えようがありません。必要な条件には順応するしかありません。英語も、その中の一つにすぎません。

　語学の習得には、正攻法しかありません。魔法などありません。

　しかし、仮に語学に魔法があるとすれば、IA メソッドこそが、その魔法です。

　本来、魔法だって、使い方を魔女に習わなければ使えるようにならなかったはずです。なんの努力もなしに結果を手に入れようとすると、他の人との差がつかなくなり、自分自身が何者でもなくなり、最後には自分を失います。どんなことであれ、勝つことなどできなくなります。お説教ではないのですが、自分のために、勇気を奮い立たせてほしいと思います。

　さあ、ここは日本で一番賢い正攻法の IA メソッド。自信と確信をもって進みましょう。

A sleeping cat ← [under the table / in a rainy day]

上の構造を見てもらうとわかるはずです。

２つの前置詞ユニットが、修飾句の中に入っています。

結論：処理の仕方

●話そうと思う日本語の中から、結論部分をまずつかみとる。文法的にいえば、被修飾語。それを意識で確認し、その「被修飾語＝名詞」をまず発声してしまう。そしてそのあとで、その名詞を飾る日本語を、順次英訳しながらつけたしてゆく。これが後ろから飾る話し方であり処理法です。反復がこの思考を自分のものにしてくれます。

●日本語の中の先行する言葉（修飾句）に気を取られないように注意してください。そこは二の次です。大切なのは、日本語で最後に出てくる言葉。多くの人は「雨の日に〜、テーブルの下で〜」という日本語に攪乱されて、最初にそこをつかもうとしますが、違います。そこはどうでもいいのです。大切なのは、最後に出てくる「眠る猫」です。ここを瞬時につかみ、A/The sleeping catと言い放つ。ここを言い放ったあとで、← under the table / ← in a rainy dayと、つけたします。

２つの前置詞を使ってみよう

　実際に、２つの前置詞を使った名詞句をつくってみましょう。やり方は１つの場合と同じですが、メンタルな逆転作業が少し煩雑になります。それに慣れてください。どのくらい頭に負荷がかかるかを実感してください。簡単なものも、少し難しいものも、取り混ぜてみます。

●**９時から５時までの就労時間**
Working hours **from** 9am **to** 5pm
これは素直な名詞句です。こういう表現は会話の中でひんぱんに求められま

す。

◉編隊を組んだ雲の下の UFO

Many UFO **below / under** the clouds **in** a formation

「編隊を組んだ」を、「一つの編隊の中に収まった」と解釈したわけです。ここは below でも under でもどちらでもいいです。

◉電源の入っていない冷蔵庫の腐った卵

Rotten eggs **in** a refrigerator **without** power

「腐った」を意味する rotten は、rotten fish とか、日常生活でよく使われます。処理自体は平板です。

◉集中治療室で手術中の患者

A patient **under** medical operation **in** ICU

この under の使い方に慣れてください。おぼえておくと便利です。ICU は集中治療室の略語。

◉メキシコとアメリカの間の国境沿いの壁

The fence **along** the national border **between** US and Mexico

along と between の組み合わせ。between A and B も一体化しています。

◉窓際で級友からのけ者にされている子

An isolated boy **from** classmates **at** the window side

これはちょっとおしゃれな訳。isolated boy がミソ。isolated だから、自然と from が思い浮かびます。

◉ GPS を使わないアマゾンの密林探検

An expedition **through** Amazon jungle **without** GPS

though Amazon とやりました。鬱蒼としたアマゾン川の密林を通り抜けてゆく感じを出したつもりです。

◉ **コーヒーを飲みながらの長電話**

A long chat **over** the phone **with** coffee

「飲みながら」は with 一語で十分。over the Phone は決まった言い方です。
「電話越し」の感じ。

◉ **プレゼンでの的外れな質問**

A foolish question **beside** the point **in** the presentation

point を外したら、その質問は的を外したことになる。to get the point は
真意を解するという意味。

◉ **日本円からフィリピンペソへの両替**

Money exchange **into** Philippine Pesos **from** Japanese Yen

両替のときは、exchange into を使う。両替前のお金は from であらわす。

◉ **グローバリストによる陰謀の真相**

The truth **behind** the conspiracy **by** Globalists

conspiracy の裏にあるのが真実や真相。by の素直な使い方が生きている
はず。

◉ **棚 卸のための原価割れ大安売り**

Clearance sale **below** cost prices **for** inventory

原価割れは、原価の下の値段だから below cost prices。inventory とい
う単語もおぼえておきたい。

● **新選組の鉄の掟**

The rule **without** any exception **among** the Shinsen-gumi Raiders

「鉄の掟」を、「いかなる例外もない」と訳した。新選組に Raiders とつけ
たところは、ちょっと自慢したい。

Point 次のステップは?

つくった表現を文に代入する

前置詞を使えば、どんな表現でもつくり出せることがわかったはずです。前置詞が 1 個だろうが、 2 個だろうが、本質的には関係ありません。日本語で無意識に浮かんでくる表現を、前置詞を使って平然と表現することに慣れてほしいと思います。それが即、話す力になります。

まず、これが第 1 ステップです。次のステップは、つくった表現、つまり前置詞で構成された名詞句を、文の中に投入する作業です。頭の中の思考は、文という形式の中に入れないかぎり相手には理解してもらえませんから、つくった表現をどうやって文の中に代入するかという知識や意識が次のステップの中身になります。

ここで「2文型」の知識を思い出しましょう。

2 文型とは、SVC か SVO のどちらかです。

> SVC：[**主語** + be 動詞 + **補語**]
> SVO：[**主語** + 一般動詞 + **目的語**]

わたしたちは今名詞句をつくっているのですから、その名詞句を代入する部分は①主語か、②補語か、③目的語しかありません。迷いようなどないのです。しかも IA メソッドの文型は上記の 2 つのパターンしかありません。ここで

「5文型」を思い出して、ゴタゴタ言う人は、「おとといおいで！」と言われることになります。これは IA メソッドの「鉄の掟」ですから、従ってもらうしかありません。本書は受験英語の参考書ではありません。ここは妥協の余地なしです。

　メンタルに SVC と SVO を意識して、自分がどっちを使うべきかを0.1秒で判断します。そして、その判断と同時に、名詞句を①主語か、②補語か、③目的語に流しはじめます。このとき、メンタルに流しはじめると同時に発声することを忘れないでください。頭の中で作文しおわってから発声するのではダメなのです。思考と同時に、つまり思考と simultaneously に発声しはじめるのです。話しながら考えるわけです。考えながら発声しつづけるといってもかまいません。

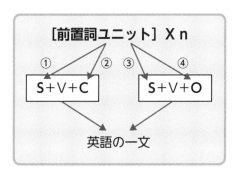

　これだけのことです。メンタルにつくった名詞句を①か②か③か④に代入するだけのことです。これをいつも頭で意識しつつ一文をつくりだすのです。その一文が増えていけば、まとまった話になります。例を出します。すでにつくったフレーズを使ってみます。

The sleeping cat / **unde**r the table / **in** a rainy day

The sleeping cat / **under** the table / **in** a rainy day makes me sleepy too.

The theme for making Haiku poem today is a sleeping cat / **under** the table / **in** a rainy day.

Don't disturb the sleeping cat / **under** the table / **in** a rainy day ! She is teaching us the value of peace, right?

　最初の一文は前置詞２個の名詞句を主語に代入しました。訳は「雨の日に、テーブルの下で眠る猫は、ボクをも眠たくさせちゃうんだ！」というものです。

　２番目の文では、be 動詞の後ろの補語に代入されていて、「今日の俳句のテーマは、雨の日に、テーブルの下で眠る猫ですよ」という訳です。

　３番目の文は目的語に代入されています。「雨の日に、テーブルの下で眠る猫を起こしちゃダメよ！　それは、われわれに平和の価値を教えてくれているんだからネッ！」、てなことになっています。ちょっと大げさかな？　でも会話として十分意味のある文に変貌しているでしょう？　日常楽しまれる会話というのは、こういうレベルの会話です。いきなり、英字新聞の経済記事を連想してはいけません。それは特殊すぎる英語ですし、「書く英語」「書かれた英語」です。ここは錯覚しないでください。

　自分の思考の中身を表現するのが英語です。ということは、自分の思考が、アウトプットされる英語に反映されるのです。自分の思考にないことが英語になることは200パーセントありません。わたしたちが普通に日本語で展開している会話内容は、すべて、すでに学んできた前置詞の知識だけで十二分に表現

できるのです。

　ヒカルランドの本書のシリーズは、日本中の日本人に、英語に対して自信をもってもらうために出版されたのですから、当然のことです。フィリピンから日本へ戻って間もない頃のことです。ある日、家の近くの書店へ行きました。ふとかわいい王冠マークの本が目について、その本を１冊手に取りました。そして、感動しました。出版社の情熱と勇気を感じたからです。そのときは、東日本大震災の悲劇がまだ生々しかった頃でした。日本中が、未曽有の災害に打ちひしがれていました。しかし、はやい話が、日本はいいようにやられていたのです。その真相を数人の著者を通して果敢に伝えていたのがヒカルランドでした。そのヒカルランドの本を手に取って、「ああ、この国はまだ大丈夫だ」と実感しました。そして、出版を通して日本中の人々とつながりあえる可能性を、そのとき、実感しました。

　ですから、ヒカルランドとの出会いは、そのときにできていたように思えます。また、今この本を手に取ってくれている方々との出会いも、そのときに用意されたことになります。ボクは、本との出合いは心の力が呼び込むものだと信じていますので、本は、書き手と読み手の心と心の共鳴だと信じています。すべては、人間の心の中に宿ることが、必要な時間を経て、現象の世界にあらわれます。これから展開する内容は、「話す英語」を究極的に自分のものにするための、究極の贈り物です。

INDIVIDUAL
ASCENDING
METHOD

第4章

日本人の、日本人による、話すための英文法

第4章

Point

日本人の、日本人による、話すための英文法

ここまで述べてきた前置詞や「前置詞ユニット」の理解は2次元的理解かもしれません。これから、それを3次元的理解に変え、実践で使えるスキルとして説明します。題して、「**日本人の、日本人による、話すための英文法**」。

驚いて当然ですが

しかし、この表題には誰もが引くと思います。「エェ〜！」とか、「ウソォ〜！」とか、「本気かよ〜！」「ふざけてんじゃネェ〜ゾ！」とか、「オマエ、正気？」という声が、ほとんどリアルに聞こえてきそうです。まあ、勝手な想像の中のことですけどね。

「英文法って、日本人がつくるものじゃないわよ！」、「英文法って、決まってるものよ！」、「イギリス人の許可、取ったの？」とか、驚いている方も、わけのわからない言葉を発しているはずなのに、それに気づかずに、あわてふためき、気が動転して、ここまで築いてくれた信頼すら、一気に放り出さんばかりに判断不能状態で混乱におちいっているのではないでしょうか。そして一部には、冷笑的に、「バカじゃん！」と言っている声すら聞こえてきそうです。

ところが、このボクは、至って正気なのです。

ちょっと頭を冷やして、考えてみてください。インドの小学校や、各国にあるインド人が通うインターナショナルスクールでは、非常に特殊な暗算の方法を教えています。日本人の九九では太刀打ちできないような複雑な計算を、インドの小学生たちは、非常に変わった暗算を駆使して、たちどころに正解を出

してしまうのです。インド人はもともと、はんぱなく高い論理的思考力をもっていることを、ボクはインド哲学を学んでいたのでよく知っていました。ですから、インド人が［0－1］の無限ロジックで構成されるIT世界で躍進しだしたときも、なんの驚きもおぼえませんでした。しかし、その少年たちが頭の中で特殊な暗算を駆使して数秒で正解を出してしまう現実には、改めて、論理力とはそういうものかと感心したものでした。さあ、その少年たちに、不平を言える大人はいるでしょうか？「あっ、そんな計算やっちゃダメ！」「そんな計算、ズルい！」と文句を言える大人が、この世界にいるのでしょうか？

　考えてみてください。同じことです。自分が英語を話すとき、勝手に頭の中で特殊な処理をしてペラペラしゃべった場合、「そういう文法、使っちゃダメだ！」と言える根拠、それはなんなのでしょう？　そんな理屈ってあるのでしょうか？

　わたしたちは、英語に関して、相当深い錯覚におちいっています。「話す英語」は、サバイバルです。人間各人が自己の生死をかけて、一瞬一瞬を生きてゆく現実です。英文法は、受験のためにあるのではありません。当たり前のはずですが、この指摘を忘れている日本人がどれほど多いことでしょう。サバイバルのツールはあてがわれるものではなく、自分でつかみとるものです。海外で急病に見舞われて、病院に担ぎ込まれた日本の偏差値秀才が、英語を話せず、それで紙に However, I can read English. と書いて弁解したらどうなるでしょう。間違いなく、その行為は、世界で永遠に語り継がれる「日本人ジョーク」になるでしょう。日本人が今向き合っている英語は、その男の英語と同じ程度にしか思えません。

「日本人の、日本人による、話すための英文法」、この表題を見て、「エェ～！」「ウソォ～！」「本気かよ～！」といきなり叫んだ人がいたとしたら、その人は、「日本人ジョーク」の男に相当近いです。日本に生まれて、日本に育って、日本の社会で暮らしている日本人で、助詞の「は」と「が」の使い分けに関して、理路整然と文法的に説明できる日本人はいるのでしょうか？　そん

な日本人、いるはずありません。母語の文法理解など、どの国の人間でも、しょせんその程度です。仮に西洋の日本語研究者が、そこを厳密に分析して、みごとなまでに「は」と「が」の使い分けの原理をあらわにしてしまって、まさにそのとおりだとして、その理論を否定できる国語学者はいるでしょうか？「お前は、日本人じゃないからダメだ。そんなこと言う権利はない！」と、言えるでしょうか？

　よくよく考えてください。今、これから説明しはじめようとしていることは、まったく同じことなのです。そもそも、英語はすでにイギリス人やアメリカ人の専売特許ではなくなっています。ドイツ人のしゃべる英語は端正ですが、シンガポール人のしゃべる英語はもっと端正です。間違いなく、アメリカ人のしゃべる英語よりずっとわかりやすい英語です。英語はすでに、そういうものになっています。日本人が信じ、大学受験で見てきた英語というのは、どれほどのものなのでしょう。大学で入試問題を交代でつくっている先生たちは、全員英語の達人でしょうか。みんな、自分の本棚から適当な本を抜き出して、過去問に合わせながら作問しているに過ぎないのですよ。話す能力だって、上手にしゃべれない先生たちが、たぶん半数以上でしょう。そんな英語、しかも紙のパズルにすぎない英語を、金科玉条（きわめて重要な守るべき決まり。絶対的なよりどころとする法律や個人の信条など）の英語としてあがめている日本人の英語観は、間違いなく、「イギリス人の許可、取ったの？」と無意識に叫んでしまう錯覚と、同じ程度です。

　無意識におちいっている英語の錯覚から、めざめてほしいと思います。学校で教わっている英語は、範囲の限られた、しかも現実から遊離した、ヴァーチャルな英語です。サバイバルの役には立ちません。

　ボクは、生きていく上で、いきなり役立つ英語を知ってほしいのです。そして、現実に、できるだけ多くの日本人に、英語が話せるようになってほしいのです。それは力の源泉になるからです。日本人は今、あまりに不当に、無数の敵対者におとしめられています。その現実は放置できない状況にまできていま

す。少なくともボクには座視できません。ボクの生きた英語への熱情は、そういう現実への反発ともつながっています。

　これから述べることには、誤解と錯覚に満ちた反論をひきおこす可能性があります。しかし、それはどうでもいいことです。感知しません。これくらいアグレッシブな言葉を表明しておかないと、多分、これから述べる独自の文法解釈の価値に、気づいてもらえないような気がするのです。

　英語マインドをもつということは、そういうことです。誰にも忖度しません。

Point 格という概念の変遷

「格」って、忘れてもいい言葉なの？

　英語を読んだり話したりする場合、「格」という言葉は、ほとんど無視してかまわない言葉になっています。英語では、主格も目的格も語形の上では同じですし、所有格だって名詞に― 's を加えるだけです。格の語形上の違いがわずかに残っているのは、I-my-me に代表される人称代名詞の変化と、関係代名詞の who-whose-whom があるのみです。

　一見、英語には「格」などないような印象を受けます。現代ドイツ語を学ぶ場合には、名詞自体の変化は無視できる程度ですが、定冠詞や不定冠詞が1格、2格、3格、4格と馬鹿正直に変化して、名詞をわずらわしいほどに拘束しますので、ドイツ語の場合は英語と違って名詞の格を意識せざるをえません。しかし、そのドイツ語は英語のルーツであり、古英語では、わずらわしいほどに名詞に格変化がありました。さらに、ヨーロッパの印欧語にはラテン語もギリシャ語もあり、古典ラテン語では6格、古典ギリシャ語も5格の変化を名詞に強制していました。

　さらには、同じ印欧語に属する古代インドのサンスクリット語では、名詞は8パターンの語形変化を起こしていました。つまり8格でした。時代をさかのぼればさかのぼるほど、印欧語では名詞の格変化は複雑なものだったことがわかります。そしてこの格変化というのは、文字の上で語学を学ぶと錯覚してしまうのですが、格変化自体は音韻の変化であって、まぎれもない音声上の違いだったということです。大昔に生きていた人間は、言語を音声の道具として使っていましたから、声そのものを変えなければ意味の違いをつくりだせなかっ

たわけです。そういう意味で、「格」とは「音韻の違い」でした。つまり、「格変化」とは、音の周波数を変えるまぎれもない物理現象だったわけです。

今日の印象からではなく、過去の流れから理解した場合の、英語が属する印欧語にとっての「格」という文法概念は、やはり重いのです。なくなったように見えて、なくなってはいません。明治になって、日本人が日本語を理解する場合に、「格助詞」などという言葉を使い出した事実を思い出すべきでしょう。日本語は印欧語でも屈折語でもないにもかかわらず、やはり「格」という文法概念が、日本語の名詞の役割を理解する上で避けがたい概念だったことに気づかせてくれます。やはり、「格」という言葉は、たとえ英語でも、無視して済む問題ではないのです。

俗ラテン語の中から

序章で紹介した「頭の中の構え方」を思い出してください。本書が主張する２文型の中で、名詞が文中に出現する比率は87.5%でした。大胆な主張だと思うでしょうが、一応、この主張を受け入れてください。この事実を換言すれば、英語を話すとき、人間の口から出る言葉のほとんどが名詞だということです。人間の思考は、名詞の謎を探ることに精力のほとんどが注がれているようです。もろもろの名詞がなんなのか、その名詞の背景や中身がどうなっているのか、それがどれくらい、どれほどなのか、ほかの名詞との関係はどうなっているのか等々、ひたすら名詞について心をめぐらしているのが人間だということになります。

この説明では抽象的すぎますから、具体的にいいます。人間が生きている世界、山や海や大地等、自然環境のすべてが名詞であり、生存を支えてくれる水や空気や火や気象や、さらには、食料となる無数の動物や植物や、住まいや道具や家財や、さらには自分の仕事や自分を取り巻く社会制度だけでなく、他人に関するもろもろの、すべてが名詞です。おまけに、頭の中の神や悪魔や、死者や物の怪や、善や悪や、倫理の概念に至るまで、すべてが名詞なのです。人

間は、名詞の体系を精緻に描きだし、名詞の体系をつくりだすために生きているのであり、人間の住んでいる世界というのは丸ごと名詞として命名された被認識世界なのです。だからこそ、名詞が文の87.5％も占めるのです。

　古代人も、そして現代人も、この同じ精神の営みの枠の中で生きています。名詞が、格の区別をもって当たり前なのです。その区別の指標をもたない名詞など、のっぺらぼうの幽霊と同じです。わたしたちは、古代のサンスクリット語が８格をもっていたことを知って驚きますが、そのくらいの識別指標をもたない言語に、いったい何ができたでしょう。古代のインド人は、現代人の思考をはるかに超える思考の側面をもっていました。しかし、それもすべて、名詞の識別や区別を支える言語上の指標、つまりは名詞の格変化によって支えられていたはずです。

　それがどうして、今日に至る道のりの中で簡略化されてきたのでしょう。一つには文字文化の発達があったでしょう。消える言語を永久凍結する文字を発明した人類は、文字の力によって、消える知識や情報の保存を担保しました。確かにこの力は大きかったはずです。

　しかし、それ以上に大きな力は、人間を包む社会環境の複雑化だったと思います。５千年前の人間の生存環境と、２千年前の人間の生存環境、そして200年前からの生存環境はどれほど激烈に変わったことでしょう。５千年前に羊の群れを追っていた人々の経済システムと、大航海時代以降の資本主義が導いた経済システムと、さらには今日のITを駆使したヴァーチャルな現実は、信じられないほどに名詞が構築する世界像を変えてしまったはずです。今は１秒の10分の１、100分の１の単位で、通貨や観念すら売買の対象になっています。そういうどんどん発達し複雑化する人間社会に、名詞の８格や６格が担保した世界像は耐えられたでしょうか？　いつまでそれで足りたのでしょうか？

　８格では足りなくなったのです。足りなくなったから、あきらめて６格になり、５格になり、４格になり、そして３格になったのです。しかも英語は３格の

言語であることすら忘れ去られています。おまけに、それで不都合すら起こりません。人類にとっての、この名詞の歴史における単純化の流れを忘れてはいけないでしょう。名詞の格変化という印欧語の古代的原理は、意味をもたなくなってしまったのです。人類の時代的変化に合わなくなってしまったわけです。

　人類は一体、「格」の喪失を、何をもって埋め合わせてきたのでしょう。

　答えは明白です。それは前置詞です。前置詞が、名詞の「格」の喪失で失われた部分を支えてきたのです。この認識は、印欧語を比較する言語学の常識です。古典ラテン語が一気に勢力を減退させたのは、ロマンス諸語に変貌してゆく前の俗ラテン語に原因があります。俗ラテン語は話し言葉であり、書き言葉ではありません。そしてその俗ラテン語の話し手たちは、地中海沿岸の全域からイベリア半島、バルカン半島、ギリシャ、北アフリカ、小アジア、ガリア、エジプト、現スイス南部や、オーストリア、ハンガリー、ルーマニアと拡大したローマ属州の土地、土地で、その土地を行き交った外国人、解放奴隷、商人、職人、植民者、そして兵士、属州管理者の者たちと、そしてもともとそこにいた土地の人々でした。その状況はまさに、教養ある人間だけが使っていた古典ラテン語が、庶民の話し言葉に単純化し、変質し、俗語化していった状況そのものでした。その過程で、もっとも特徴的に起こった変化が、前置詞にまつわる変化でした。その変化は、たとえば、次のように証言されています。

『前置詞を用いた言い回しは、単独の格に比べて、大衆、とくに新しくラテン化され、学校教育、あるいは文学的伝統に全く汚染されておらず、名詞屈折の重い機械の操作に、つねに不手際であることをおそらく示していたと思われる大衆によって、無意識に好まれたにちがいない、というより本質的長所を持っていた、この言い回しは、形態論上も単純であった。というのも、前置詞は常に形態が同一であり、（中略）ただ一つの格、すなわち対格を伴って用いられたが、格語尾は、種類においても、語形においても、途方に暮れさせるほど複雑であったからである。機能の観点からすれば、前置詞の方が、数においても格より多く、意義においても、格よりいっそう等質であった。——単独で用い

られる格よりも、冗長で、しばしば微妙な陰影に欠けて貧しいけれども、正確
で同時に、明確な表現を可能にした。

　したがって後期俗ラテン語の原文に移ると、前置詞構文の比率が、平均して
古典ラテン語の原文の２倍になったとしても不思議はない。前置詞を用いた言
い回しが、話し言葉に侵入した度合は、さらに一般的であったにちがいない』
（『俗ラテン語』ジョセフ・ヘルマン著　白水社　p-70）

　たぶんこの訳文は、原文の構文どおりに訳出されているので読みづらいので
すが、趣旨は明瞭です。西洋の印欧語において、とりわけロマンス諸語におい
て、名詞の格機能の喪失と背中合わせで進んだのが前置詞の発達であったこと
は、引用文で証言されているとおりに、確定した認識です。英語にも、ロマン
ス諸語のひとつであるフランス語を通して、前置詞の役割の大きさが入り込ん
できましたから、英語の中で前置詞が大きなウェイトをもっている事実は、驚
くにはあたりません。

　フランス語やスペイン語が動詞の活用に関しては複雑な規則を温存させてい
るのに対して、英語は動詞の活用に関しても極限的に贅肉を落としました。で
すから英語は、格を絞り込んで名詞の観念を極小化し、前置詞にその機能を代
行させたのと同時に、錯綜した動詞規則に対しても大鉈を振るいましたので、
間違いなく英語は、印欧語の中で特化して文法のやさしい言語に生まれ変わっ
たのです。これは英語にとって僥倖であったと同時に、世界中の人間にとっ
ても僥倖だったと思います。世界中の人間が、文化や歴史の背景をあまり意識
することなく、高度な文明生活に耐えうる側面をもちながら、しかも文法のず
ば抜けてシンプルな共通語をもつことができるようになったのですから。間違
いなく、英語という存在は、人類の相互理解への希望なのです。その英語の最
大の武器が前置詞です。ここを見落としては、英語を認識していることにはな
りません。

　**英語がやさしい言語だという認識が一般化し、とりわけ「話す英語」が、実
に簡単な原理で運用可能だと知ったときには、国民の力は何倍も解放されるで**

しょう。そして、われわれの内面の活力は英語の力で増強され、自ら感じる幸福度は飛躍するに違いありません。わたしたちは、そういう潜在力をもつ英語をすでに150年以上自らの手中にしていながら、活かせていないのです。

英語のスガタをもう一度

減量に精を出したボクサーのように、英語がどれほど減量に成功したかを再確認しましょう。

● 英語の名詞は3格まで減量しましたが、その格にはすでに格の指標はありません。
● 英語の名詞からは、ヴァイキングが持ち込んだ古ノルド語のおかげで、性の区別が消えました。
● 英語の名詞の数に関しては、一律、複数形として -s をつけるだけです。
● 格を失った名詞を特定するために出てきた冠詞に関しても、a と the の区別があるだけです。
● 名詞の減量に連動して、形容詞の活用も消えました。
● 動詞の活用に関しては、規則動詞と、一部の不規則動詞の区別があるだけです。
● 動詞に与える人称・数・時制の影響は、3単現（3人称単数現在）の -(e)s にあらわれるだけです。
● 動詞は現在形と過去形のみで、未来形はありません。未来は意志でひらく次元のようです。
● 完了形は、話す英語の中ではほとんど使いません。

ほかのヨーロッパの言語を知っている人なら、英語の文法が驚くほどシンプルであることを否定する人はいないはずです。結果としてあらわれてくる英文法が伝える人間世界は、きわめてシンプルです。「オレたち、ここまで減量して努力したんだから、あとのこまごまとしたことは、全部前置詞にまかせた！」と、言わんばかりです。これが英語です。

前置詞が「格」を take over した

さまざまな名詞の側面や性質、ほかの名詞との関係、名詞の変化やその行く末、見えない世界をも言語化してしまう名詞の威力、これらすべては前置詞がにないました。つまり、人間社会の複雑化に合わせて要請された名詞自体の膨大な側面は、8格や6格では到底足りず、まして3格ではどうにもならず、名詞と一番密接につながった語に託されたのです。

名詞と一番密接につながった語とはなんでしょう?

たとえば、動詞:Go! と一語を発するだけでも、動詞は使命を果たせます。

たとえば形容詞:美しい女性に向かって、Beautiful! と言えば、それだけで意図は通じます。

たとえば名詞:ひとこと、目の前のリンゴを前にして、Apple! と言ったとしましょう。言われたほうは、「わかってるよ、そんなこと」、「だから、リンゴが、なんだよ?」と言うことになります。この場合、Apple と一番の親戚筋にあたるのが前置詞です。

in the apple! と言えば、「リンゴの中の、虫かな?」という疑問がわくでしょうし、by the apple!と言えば、「ジュースでもつくれって、ことかな?」という疑問もわくでしょう。あらゆる前置詞を apple につければ、それなりの意味が発現しはじめます。意味を発現しだした apple 自体が、実はすでに「格」を有した apple です。具体的には、in the apple は処格であり、by the apple は具格です。もし from the apple とやれば奪格ですし、of the apple は属格です。これほどに、前置詞は、名詞を生かしもするし、殺しもします。名詞という存在は、「格」を有していなければ、存在していないも同じなのです。

> ●その名詞が、なんらかの task をになって、文中で文法的機能を発現しているなら、その名詞は「格」を有しています。「格」を帯びていない名詞は現実態ではなく、現実態としての名詞はすべからく「格」を帯びている、そう考える必要があります。

　これは、誰の学説でもありません。「日本人の、日本人による、話すための英文法」の第1ステップの認識です。

　名詞の「格」という概念に関し、サンスクリット語の8格をマキシマムな概念としてありがたがる必要など、どこにもありません。それらはもう時代遅れです。忘れていいのです。われわれは今に生きているのですから、今をよりよく生きる考え方を探すべきです。学問は今ある学問のためにあるのではありません。自然科学が絶え間なく、古い理論を乗り越えてゆくのを思い出してください。あるのは、進化しつつある人間の現実だけです。どんな思想でも、どんな科学や技術でも、変化し、進化しつづけます。

　過去の名詞の「格」の概念は、もう役に立ちません。しかし、名詞がもつ威力は変わりませんから、「格」によって表現されていた名詞の価値も変わりません。ただ、その名詞の価値は、「8格」や「3格」では間尺（計算、割）に合わないものになってしまっています。つまり「格」という概念によってになわれていた名詞の価値や役割は、とうの昔に、前置詞によって代替されていたのです。

> ●つまり「格」は、その役割を、前置詞に take over されてしまっていたのです

　ですから、英語の名詞の「格」を、既存英文法の「格」の概念の中だけで理解することは、すでに時代遅れで、意味をもたないことになっています。こ

ういう主張が、今ある英文法の理解の中にあるのかどうか知りません。また確かめる努力もしていません。ですから、勝手に、これは自説だと主張しておきます。さあ、こんなふうにうそぶいたあと、われわれは、どこへ行くのでしょう？

Point

前置詞は、
どれだけあるの？

すべての前置詞を洗い出そう

　本書で実践的側面から分類した第１水準から第３水準までの前置詞のほかにも、英語にはもう少し前置詞があります。そのまだふれていない残りの前置詞を第４水準として、以下に、すべてを思いつくかぎり列挙してみます。

第１水準	with, without, for, to, from, in, on, at, of	9語
第２水準	after, before, about, around, among, under, above, between, by, behind, as	11語
第３水準	against, along, below, beside, beyond, within, during, near, off, over, since, through, until, like, except, inside, outside, including, into, toward	20語
第４水準	across, alongside, besides, beneath, but, concerning, despite, down, onto, opposite, out, than, throughout, underneath, upon, aboard, via, versus (vs.), unlike, regarding	20語

　大体、こんなところだと思います。うまい具合に、第３水準まででピタリと40語。第４水準まで入れて60語となりました。ですから、一応、これらが英語の前置詞です。しかし、この分類はかなり恣意的です。自分が使っている印象で分けただけですから、強い説得力はもちません。とはいえ、大体は納得してもらえるのではないかと思います。

　以上を踏まえて、英語の前置詞を便宜的に60語とします。

前置詞って一体、なんだ？

　その答えには、すでに何度もふれているのですが、改めてこの問いを立ててみましょう。「前置詞で英語を話す」、この大目的を実現するための理論的裏づけを展開するには、今一度、この問いを立てておくことが必要だからです。

　さあ、この大目的に立ち向かう今、一切、他人の書物を意識しないで考えてみます。この試みは、あくまで自分の感覚で英語を話すための「前置詞理解」ですから、既存の学説や、他人の見解に目配りする必要はないはずです。実際これは、自分が、一冊の参考書も読まずに、炎天下のフィリピンを走り回りながら自然と結晶させてきた前置詞の理解であり、その前置詞と名詞の関係に関する独自の理解です。しかもそれは現実に自由に話す効果をともなった理解ですから、それを他人の書いた書物や理論で、後づけで権威づけする必要はどこにもないはずです。そんなことをしたら、ロジックが逆転し、自分で自説を否定することになってしまいます。それにまさる愚行はないでしょう。

　さて、ざっくりと前置詞というものを理解してみますと、前置詞とは名詞の諸相を表現するための補助語です。ここまでは異論はないはずです。さて、その次ですが、名詞とはどのようにして人間に立ちあらわれてくるのでしょう。無数の名詞が人間に現出してくるときに、その瞬間に、前置詞が名詞にからまるのだと予測が立ちます。名詞はさまざまなあらわれ方をしつつ、人間に、人間を取り巻く世界がどんな相貌をしているかを教えてくれる存在であり、その立ちあらわれ方の違いに間違いなく前置詞が関わっているはずです。古代のインド人は、たった8つの「格」の違いで名詞の立ちあらわれ方を分類し、とらえましたが、それが今や不十分であることはすでに確認しました。

　とするならば、名詞の「格」が自己の task（任務）を前置詞に託した以上、前置詞が実際にになっている任務を眺めて、それを分析して、そしてもう一度大まかに分類しなおせば、逆に前置詞の視点から、名詞というものがどういうふうに人間に迫ってきているのかを知ることができるはずです。

　そう考えて、実際にそれをやってみました。非常におもしろい結果があらわれました。ドイツの哲学者イマヌエル・カントは、その著書『純粋理性批判』の最初の部分で、時間・空間論を展開しています。人間の思考は、時間と空間の枠の中でしか成立せず、その時間と空間という思考の枠は、先験的な知なのだと述べています。先験的とは経験に先立つという意味ですから、人間は生まれつき、つまり先天的に時間と空間という思考の枠組みをもって生まれてくるのだと言っていることになります。はっきりいって、それくらいのこと、カントに言われなくてもわかっています。誰だって普通はそう感じているはずですが、カントはそれをくどくどと、わかりきったことを意図的に難しく書いていました。ボクは、カントは頭が悪いなと思いました。大学１年の頃の話ですから、笑いながら受け止めてください。

　実は、その吟味はどうでもいいのですが、時間と空間という言葉は、それ以来、何を考えるにも、自分につきまとうようになりました。そして、今回、前置詞の意味を分類しながら、それを包み込む大まかなカテゴリー（範疇）を探していると、どうしても時間と空間を無視できなかったのです。そもそも前置詞の at のイメージは「時間と空間のピンポイント」でしたよね。ボクはどんなことでも哲学的思考に還元して考える癖がついてしまっているので、「やっぱり時間と空間か」、という気分になりました。カントへの恩義など微塵も感じませんが。ちなみにスピノザは、時間は幻想だと主張しています。そしてその言葉に導かれたアインシュタインは「特殊相対性理論」の中で、時間の幻想を証明しました。

　しかし、英語の前置詞は、時間と空間のカテゴリーだけに収まりませんでした。英語の前置詞は、個々の名詞の時間空間的位置を示していただけでなく、名詞と名詞の関係も示していたのです。可能なかぎり大きなカテゴリーで分類していったら、「時間」と、「空間」と、「関係」に収束しました。つまりすべての名詞は、時間という側面と、空間という側面とそれから、名詞と名詞の関係をも前置詞に依存して自己表明していたわけです。すべての名詞は前置詞と

結びつきながら、ジグソーパズルの盤面に自らの居場所を得て、それなりの意味を発揚していました。そうして、ジグソーパズルの全体を見る人間は、自分を取り巻く世界を認識できているのです。

　名詞の集合が世界のスガタを見せてくれるのですが、それを思考上の現実態として支えているのが前置詞で、前置詞が個々の名詞の位置づけを決定づけてくれていました。前置詞によって、時間か、空間か、関係かの位置づけを得た名詞は、その瞬間に「格」を獲得します。名詞の格は、名詞に前置詞が与えられた瞬間に決まるのです。大雑把な分類結果を示してみましょう。

これは決して厳密を期したものではありません。ザックリとした分類です。しかし、前置詞というものが、どういう働きをしているのか、どういう task を名詞に与えているのかを理解する大きな手助けにはなるはずです。主要な前置詞は、時間と空間の両カテゴリーにまたがっていることがわかりますし、圧倒的に、名詞に空間的位置づけを与える前置詞が多いこともわかります。それから、きわめて使い勝手のいい with という前置詞が、実は、名詞と名詞の

「関係」を代弁する前置詞だったことも今回わかりました。

　ある意味で、これは、名詞と前置詞の秘密の関係を暴いた図といえるでしょう。そして、それがわかると、前置詞の使い方もザックリと理解されます。それがまた、名詞というものを介して、人間がものごとを認識している視点をも客観視させてくれます。人間の知の配電盤のようなものかもしれません。

　ここまでくると、名詞の「格」の概念が、まったく新しいものになってわれわれに迫ってきます。名詞の「格」は、英語の場合、前置詞と一体化することで発現するものであり、前置詞の存在と切り離せないものだとわかります。つまり、事態はすでに逆転しています。

> **名詞があって、「格」があるのではなく
> 前置詞があるから、名詞に「格」が付与される**

　それが英語です。ですから、前置詞の数だけ、名詞には「格」があるのです。従って；

> **英語は、60格をもつ言語です**

これだけでも、既成の英文法にとっては、革命的新説です。

しかし、この考え方は、さらに、とんでもない世界へわれわれを導きます。

Point 「話す英語」への 究極の発想

1 : 「格マーカー」という新概念

　われわれ人類はホモサピエンス（homo：同一、均一の意味）と呼ばれているのですから、人間の思考力は普遍的なはずです。わたしは、古代インド人の叡知_{えいち}にまさる知恵はないと思っているのですが、その人類究極の叡知を結晶させた古代インド人の思考力と、宇宙にロケットを飛ばしつづけているアメリカ人の思考力が対応していないはずがないのです。英語に本当に「格」の意識が２つか３つしかなかったら、アメリカ人は月にロケットを飛ばせていません。ただ、言語の文法的な表現方法が違うだけでしょう。思考原理そのものは、モノの所有・所属をあらわす属格の意識も、対象者をあらわす与格の意識も、起点をあらわす奪格の意識も、道具や手段をあらわす具格の意識も、場所をあらわす処格の意識も、古代インド人も英米人も同じようにもっています。

　ただ、英語という言語が、世界中の言語の中で突出してその表現形式を単純化させたために、昔の印欧語の文法パターンや構造に一致しなくなっただけなのです。その一致しなくなった部分が、英語においては前置詞によってになわれ、古い「格」のパターンから外れたのですが、「格」という言語コンセプトがになっていた機能や任務、つまり名詞の task 自体は消えてなくなったわけではありません。名詞は同じ task を人間にもたらしつづけています。ですから、「格」という task そのものが英語から消えたと考えるのは間違いです。ボクはそう考えます。名詞の task は、英語の場合、前置詞に take over されたのですから、名詞の「格」の機能は前置詞によって代行されるのです。従って、英語は前置詞を介して、名詞に60格を付与する非常に高度な言語に変貌していると考えるべきです。ですから；

> 前置詞は、まず、**「格マーカー」**として理解すべきです。
> つまり**「格マーカー」**が名詞と合体した「前置詞ユニット」は、
> すでに格をもつ名詞なのです。

「格マーカー（case marker）」とは、名詞の「格」をあらわす標という意味です。これが新しいロジックの第一ステップになります。

2：日本語＝サンスクリット語＝英語

　ボクが英語に打ち込むきっかけをつくってくれたのがサンスクリット語です。学生時代、サンスクリット語を「齧った」おかげで、印欧語の原理に気づき、英語を印欧語として見る視点を獲得し、さらには英語と日本語を結びつけて意識する契機を得ました。サンスクリットを媒介することによって、日本人は、英語を自分のものにすることができます。

> **a：日本語 ＝ b：サンスクリット ＝ c：英語**

　わたしは、日本語もサンスクリットも語順が自由である現実を知り、上記等式の、a＝bに最初に気づきました。そして次に、サンスクリットも英語も名詞に格変化があることを知り、しかも両語が印欧語という同一範疇の言語であることを知り、b＝cに気づきました。その論理的帰結として、当然、a＝cがあるに違いないと予測を立てました。両語において、英語の場合は前置詞が名詞を運用しており、日本語では後置詞が名詞を運用していることに気づき、「前置詞＝後置詞（格助詞）」であることを確認しました。

　つまり、ボクの頭の中では、前置詞と格助詞がイコールの関係にあり、この両語を介して**「日本語＝英語」**が成立しています。現実的に、ボクは英語の前置詞を日本語の格助詞と同じ感覚で使い、英語を話しています。この意識や発

想があるおかげで、ボクは英語を自由に話します。ということは、日本中の日本人が、ボクと同じ思考の処理法をもつならば、誰でも英語を自由に話せるようになるということです。

　ただし、日本語の「格助詞」の数は限られていますので、この発想の運用範囲は限られます。そこで、その不足を補う考え方が求められますが、その考え方が、この証明の連続の最後に出てくる「準格助詞」という新概念です。その新概念を自分の頭の中に組み込んだおかげで、英語の前置詞は完全に日本語と融合しました。それにより、不都合なく、つまり例外なく、「日本語 ➡ 英語」への変換ができるようになりました。読者のみなさまの理解をその新概念へ導くために、自分が頭の中で済ませているロジックを以下に「見える化」します。

３：英語が８格をもつ言語である証明

　サンスクリット語の名詞の格は８格でしたが、その中の呼格（vocative）は誰かへの呼びかけの語形です。呼格は両数や複数では主格と同形になることが多く、しかも使用頻度は低いので、呼格は外します。つまり、サンスクリットは、実質７格です。まず、英語が３格の言語ではなく、サンスクリットと同じ数の格をもつ言語であることを証明します。以下に示す例文は、意図的に不定詞も副詞も入れず、前置詞だけでつくってありますから、多少ものたりなさを感じると思います。しかし、逆に言語の原理を浮かび上がらせますので、そういう例文だと理解してください。また、冠詞もできるだけ省略します。それも名詞を浮かび上がらせるためです。

[Taro sent a picture postcard] of Mt.Fuji from Tokyo to Maria in NY by airmail.

太郎は、航空便で、NY にいる、マリアに、東京から、富士山の、絵葉書を、送りました。

「太郎は絵葉書を送りました」の部分は、いわゆる SVO の部分ですから角括弧 [ ] でくくっておきました。そして、その中には動詞をはさんですでに主格と対格が入っています。つまり、すでに2つの名詞の格が、実現しています。この角括弧の中は、ここでは考察の対象にはなりません。

　それ以外の部分、つまり、角括弧の後ろの部分を見てください。すべて、[前置詞＋名詞] の構成になっていて、その構成が連続しているのがわかります。すでにわれわれの共通概念になっている言葉を使えば、「前置詞ユニット」が連続しています。英語の構造がすでに、視覚的にあらわなはずです。

　上記の対応関係に異論をはさめる人はいないはずです。文中のすべての名詞は、前置詞と一体になった「前置詞ユニット」として「格」を明示しています。英文法に処格や具格という文法用語がないことはなんの障害にもなりません。それは既成の英文法解釈の視点がせまいだけの問題です。

「格」はいくつあるでしょう？　角括弧の後ろの部分には、5個の格が存在しています。角括弧の中の主格と対格を合わせれば7つの「格」がこの文の中に入っていて、サンスクリットの呼格を除いたすべての「格」がラインナップされています。

```
[主格＋動詞＋対格]＋属格＋奪格＋与格＋処格＋具格
```

　これが、上記の英文を「格」の視点から見た透視図です。

　英語が、「格」機能において、サンスクリット語より劣った言語とはいえないことを理解してもらえたと思います。つまり、**英語はけっして３格の言語ではないのです**。「英語の格は３格だ」との常識的な錯覚を解く必要があります。多分、こういう主張は、「読む英語」の文法にとっては容認できないものでしょう。しかし、これは「話す英語」の文法です。しかも、話すための便法として頭の中で自覚しておく実践的な理解ですから、こう考えることになんの支障も生じません。サンスクリットの格用語を英語に適用してはいけないなどという法は、どこにも存在しません。思考の柔軟性が求められます。

4：英語が8格以上をもつ言語である証明

　英語がサンスクリット語に負けていなかったことがわかりました。では、英語はサンスクリットと同等ではあっても、それを超えることはできないのでしょうか？　次はその問題です。

> [Taro sent a picture postcard] of Mt.Fuji / from Tokyo / to Maria / in NY / by airmail / before her birthday / with a warm-hearted message / for showing his sincerity.
>
> 太郎は、彼の誠実さを伝えるために、心のこもったメッセージをそえて、彼女の誕生日の前に、航空便で、NY にいる、マリアに、東京から、富士山の、絵葉書を、送りました。

　どうです？　少し文意が広がりましたね。そして、情報が付加されました。しかも、その増えた情報は、前と同じ「前置詞ユニット」で表現されていませんか？　そこを抜き出してしてみます。

before her birthday
with a warm-hearted message

for showing his sincerity

　まず、これらは、文法構造としては、「前置詞ユニット」と同じ構造だと理解する必要があります。前置詞の後ろは、意味としては一語の名詞句です。her birthday は 2 単語ですが意味は一語です。ほかも同じです。さて、その上での問いですが、これらも「格」といえるでしょうか。これらの名詞句は、「格」をおびているといえるでしょうか？　この問いに対して、保守的な人々は、「格であるわけ、ないだろう！」「ふざけるな！」「単なる前置詞句だ！」と怒りをあらわにするはずです。しかし、こちらとしては「これも格じゃん！」と反論します。「何が違うんだよ！」と反撃したくもなります。水かけ論が展開するかもしれません。

　しかし、無益な論争に入っていきたくないのが本心です。そもそも、保守的な人々とわれわれが立っている文法の領域は別でした。「そんな考え、許さん！」と叫ぶ人々が立っている文法の領域は既成の文法領域であり、「読む英語」の領域でした。しかし、少なくともボクが立っている領域は「話す英語」のための実践的文法領域です。次元が違います。ですから、そもそも、保守的な人々から同意を得る必要などいっさいなかったのです。インドの少年にも笑われます。「暗算は、答えが正しければいいんだよ。英語は、正しくしゃべれればいいんだよ」と。

　さあ、ですから、自信をもって考えてゆきましょう。前記の 3 つの名詞句は、「格」をもっているのでしょうか？　もっていないのでしょうか？　どう思いますか？

　ここが分かれ道なのです。ここが、勇気をもって進む人間と、過去にからめとられて未来を失う人間の分かれ道になるのです。言いたいことはわかりますよね？　もちろん、**before** her birthday も、**with** a warm-hearted message も、**for** showing his sincerity も、「前置詞ユニット」となんら変わることのない、「格」をもつ前置詞句です。そう考えなければ、自分で自分のロジック

を否定することになります。伝統的な格の名称に対応していないからといって、上記3つの表現を、「格」をもつ名詞句とはいえない、とはいえないのです。その判断は本末転倒です。実体を先に吟味すべきです。これは論理的な帰結です。

「でもさァ〜、オレたち、なんて名前なの？」、「何格って、呼ばれるの？」という声が、**before** her birthday と、**with** a warm-hearted message と、**for** showing his sincerity から聞こえてきました。確かに、それは切実な問題です。名前のない存在はマズイです。ここからが本題になります。つまり、「日本人の、日本人による、話すための英文法」の核心部の展開が、ここから始まります。

5：英語が60格をもつ言語である証明

Maria received the postcard **as** a proposal idea **from** Taro.

The message was **about** a plan **concerning** their marriage.

They were preparing many things **toward** their goal.

マリアは太郎から、ある**提案として**、その絵葉書を受け取りました。

そのメッセージは、彼らの結婚**に関する**、ある計画**について**でした。

彼らは、彼らのゴール**に向けて**、たくさんのことを準備していたのです。

　たとえば、こういう文章があったとします。これらの文中には、以下のような名詞句が散りばめられています。抜き出してみます。

> **as** a proposal idea
> **about** a plan
> **concerning** their marriage

toward their goal

　これらもみな、間違いなく名詞句です。なぜなら、「格マーカー」である前置詞によって導かれている名詞句ですから、間違いなく「格」をもった名詞句です。でも、何格でしょう？　as も、about も、concerning も、toward も、サンスクリットの8格に対応していませんから、伝統的な「格」の名称を付与することができません。でも、それぞれの全体は間違いなく「前置詞ユニット」であり、その表現に「格」が内包されていることは否定できません。

　そもそも、こういう前置詞は、全部でいくつあったでしょう？　そうです、60語ありました。その60語の前置詞は、伝統的名称をもっている、もっていないということで、その文法的な機能を差別することができるでしょうか。LGBTQ だって差別されない時代ですよ。ふざけてはいけませんね。差別できないのです。何がいえるのでしょう？

　ここでは、たまたま as と、about と、concerning と、toward を持ちだしましたが、持ちだせる前置詞の数は全部で60語あるのですから、しかもその60語は、文法的な形式と task が同じであれば差別できないわけですから、とんでもない事実が論理的に帰結するのです。すでに、暫定的に確認してあることが、ここで論理と証拠をともなって、再断定されます。

英語は、60格をもつ言語である

　これは、断定的な結論です。

　この結論を踏まえると、英語をしゃべるとき、わたしたち日本人の思考は、櫂（舟のオール）以外に何ももっていない小舟から、GPS と羅針盤を搭載した地球一周もできるほどの頑強なヨットに変わります。ヨットは設計さえ間違っていなければ、どんな嵐にも耐えられます。転覆してもすぐにもとに戻りま

す。つまり、どんな状況でも、文法から外れず即興で英語を話せるスキルが獲得されます。たった一点、知っておくべきことといったら、それは、「古い英文法概念におびえるな！」、それだけです。

この断定を踏まえて、次のような結論が手に入ります。

●**結論1**：まず、すべての**「前置詞ユニット」**は**「格ユニット」**です。つまり、すべての名詞ないし名詞句は、前置詞に導かれているかぎり、すべて「格」をあらわしている名詞句と考えるべきです。そもそも**前置詞は「格マーカー」**でしたから、英語は**前置詞の数だけ「格」をもつ**、世界で一番「格概念」の発達した言語なのです。つまり、英語の前置詞の数は60語ありますから、**英語の「格」の数も60格ある**ことになります。これで、すべての名詞ないし名詞句を包括する文法概念が成立し、**名詞を一元的に運用できる広範な理解とスキルが手に入ります**。

6：準格助詞という新概念

英語サイドからの整理や理屈はこれで完了です。どんな反論も撃退できます。

ところが、もう一点、問題が残っているのです。それはわれわれ日本人の頭の中の問題です。前置詞が「格」をあらわす「格マーカー」であって、その「格マーカー」が60にもおよぶ膨大な数に増えたわけですから、日本語サイドでその対応はできているのかという不安です。日本語の格助詞は「が・の・を・に・へ・と・より・から・で・(は)」など数語しかありません。これでは60語の前置詞に対応できません。どうすれば、いいのでしょう？　ここが最後に残った問題です。頭の中で、どういう折り合いをつけるべきなのでしょう？

簡単なことです。「格助詞」の概念を広げて、「格助詞」と同じ機能をもつ語

の範囲を広げればいいのです。この目的を実現するために登場するのが「**準格助詞**」という造語、新概念です。ＩＡメソッドは新しい文法概念をつくりだすのに、なんの恐れも感じません。ましてわたしたちは日本人ですから、日本語の解釈を広げるのに、誰の許可を取る必要もありません。

before her birthday	➡	彼女の誕生日**の前に**
with a warm-hearted message	➡	心のこもったメッセージ**を添えて**
for showing his sincerity	➡	彼の誠実さを示す**ために**
as a proposal idea	➡	ある提案**として**
about a plan	➡	ある計画**について**
concerning their marriage	➡	彼らの結婚**に関する**
toward their goal	➡	彼らのゴール**に向けて**

太字の前置詞に、太字の日本語は対応しています。日本語がどんな表現になろうとかまいません。英語の前置詞の訳にあたる日本語訳をすべて、「準格助詞」と名づけ、理解してしまうのです。こうすると、無数の日本語訳が、「格マーカー」である前置詞に対応することになります。

「準格助詞」はしょせん、自分の頭の中だけの理解ですから、長かろうが、短かろうが、どうでもいいのです。使うべき前置詞をきちんと把握できる日本語になっていればいいのです。こういう理解を自分の頭の中に持ち込むのです。英語を即興で話せる日本人は、ほとんど全員がこういう独自の処理を自分の頭の中で勝手にやっているはずですが、ＩＡメソッドはそれを見える化しつつ言語化したわけです。それにより、この思考上の処理が「準格助詞」という名称を得て、誰もが使える普遍的な方法論になったわけです。

●**結論２**：たとえば、「〜として ⇔ as」のような、前置詞に対応する**すべての日本語語句を「準格助詞」と勝手に命名します**。こうすると、すべての**「前置詞＝格マーカー」**が、日本語の**「準格助詞」**と対応することになり、**「前置詞＝準格助詞」**となります。そうすると、[日⇆英] の思考変換において、語義の一致、不一致を意識する必要がなくなります。つまり、前置詞にどんな日本語をあてても、その日本語は、日本語サイドで名詞の「格」を指標する語ということになります。すると、日本語にわずらわされることなく自由に「格ユニット（前置詞ユニット）」を使って英語を話せる根拠が確立します。これは日本語の側からの便法です。

「準格助詞」の列挙には、かぎりがありません。日本語の中に「準格助詞」は無限数存在することになり、同じ一つの前置詞からも、複数の「準格助詞」を引き出すことができるようになります。準格助詞の定義と意識化は、日本語サイドから「前置詞＝格マーカー」の運用にブレーキをかけないための、作業仮説に近いもので、前置詞で英語を話すためのメンタルな処理法です。

　以上、すべて、自分の頭の中だけで運用する定義であり、ルールです。自分の頭の中は他人からは一切見えませんから、ここまで述べてきたことは誰に迷惑をかける問題でもありません。ですから、誰からも文句を言われる筋合いもないのです。インドの少年の特殊な暗算法とまったく、同じです。

　そうそう、思い出しました。名称に関する問題が残っていました。

　すでに例をあげてある **as** a warm-hearted message のような、サンスクリットの８格に入らない「格マーカー」をもつ名詞句に関しては、実は、その名称はないほうがいいのです。名前をつけるだけ意識が煩雑になり、しゃべる行為を阻害するからです。無数の英語の**「格マーカーフレーズ」**も、無数の日本語の「準格助詞」も、「地上の星（Countless people with selfless devotion)」のように、名前はなくても、英語を話す日本人の思考を支える存在であってくれれば、それだけでいいのです。

What a beautiful theory！

自説自賛。

INDIVIDUAL
ASCENDING
METHOD

附章

ほんとダッ！
英文がつくれる！

附 章

Point
実際に、
声に出してみる

本当のやり方

　本当のやり方は、家族や友人と一緒に楽しんでやってみるのが一番いい。つまり、以下に用意してある26題の日本文を、一文ずつ家族や友人に読んでもらい、あなたは何も見ないで、読まれた日本文を耳で聴いて、それだけでいきなり英文をつくってみる。そういう視覚に頼らないやり方でやってもらえたら最高です。

　あるいは、事前に日本文をスマホなどに録音しておき、一題一題再生しながら、日本文を耳で聴いて、本書を一切見ずに実際に英文を口頭でつくってみる。実際に声に出して英文をつくることが一番大切なんです。

　この方法でやると、嘘ではなく、確実に話す力が養成されます。

妥協策

　以上が面倒くさい人は、本書を丁寧に読んでいってください。その場合にも、一題一題、解答の英語は隠して、自分で頭の中で英文をつくってみてください。そのときに、解説を楽しみながら読んでかまいません。自分で英文をつくってから解説を読むほうが、効果があります。

　本書は「読み物」なのですが、ここはこういう読み方をしてもらった方が、一石二鳥です。

　用意してある問題は、柔道でいえば、黒帯以下です。黒帯以上は本シリーズの第4巻『即興で話せる、ネイティブの英語』の中にたくさん用意しますから、楽しみにしていてください。なんて言いながらも、これだけの日本語を一瞬で、口頭で表現できたら、実際は、英会話の能力では十分に黒帯に値しますので、がっかりしないでください。ただ、上には上があるくらいに思ってください。

　すべての問題は、日本語が巧妙なひっかけになっていますので、日本語にだまされないようにしてください。実際に英語をしゃべるときは、頭に浮かんだ日本語をいかにシンプルな英語の発想にするかが問われます。つまり、日本語のひだを無視したり、デリケートな部分を捨てたりするのがコツです。これが感覚としてわかるようになると、英語は一気に話せるようになります。がんばって!

前置詞で話してみる STEP 1：白帯レベル

◉アメリカ大使館からの手紙は、これです。

　会話を始めるとき、こういう切りだし方はよく使われます。日本語の構文通りに英語を構成してください。すると、この文が「……は　〜〜です」の構文であることがわかります。それを見抜いた時点で、もう英訳はできたのと同じです。しょせんこの文は The letter is this. でしかありません。「アメリカ大使館からの」は修飾句ですから、The letter と言ってから、前置詞ユニットにしてつけたせばいいのです。

➡ [The letter **from** the US Embassy] is this.

◉来週、宇宙飛行士たちとゴルフをするために、われわれはグアム島へ行くつもりです。

「行くつもりです」は、We plan to go〜でも OK。あるいは単に、will
を入れるだけでも OK。will を入れると不確かさが数パーセント入ってきま
す。自分の言葉から責任逃れしたい場合に、意識的に will を使うのは英語
で暗黙の常識。未来に責任を取れる人間なんてどこにもいないから。それま
で I〜、I〜と意識的に自分を出していた人間が、突然 we を使い出したら、
聞いているほうはみんな引きます。「こいつ、逃げたな！」って気がするか
ら。こういうのは目に見えない英語の駆け引きです。for playing は to
play とするほうが自然ですが、to 不定詞を使わず、このようにも言えるこ
とをおぼえておいてください。

➡ We will go to Guam [**for** playing golf **with** astronauts] next
week.

●**映画の中のマリリン・モンローの顔のホクロ、とてもセクシーだった！**

　所有格（属格）の of の使い方に関してだけど、人に関する使い方では、
the face of Maria などとやらないで、Maria's face とやっても構わない。
だからここは、Marilyn Monroe's face とやっておいた。ホクロって、あ
る場所によって、確かにセクシーだよね。なんでだろう？「テツ and トモ」
にきいてもわかんないだろうけど。

➡ [A mole **on** Marilyn Monroe's face **in** a film] was so sexy!

●**トビウオが海の上を、100メートル以上飛ぶのを知ってるよ。**

　本当に見ました。フィリピンのバタンガス港から、プエルト・ガレラとい
う有名なビーチへ船で行ったとき。トビウオは確かに flying fish でした。
イルカもたくさん船に伴走していました。これ、英語の解説になっていない

ね。該当箇所は、「海**の上を**」と「100メートル**以上**」だけだから、チョロイはず。

➡ I know flying fish fly [more **than** 100 meters **above** the sea.]

◉**武蔵は雨模様にもかかわらず、勇敢にも傘ももたずに家を出た。**

「武蔵は家を出た、勇敢に」と、ここまで出せば60%の翻訳が完了していることになる。あとは「おまけ」。前置詞ユニットで、「おまけ」と意識しながら飾るだけ。「傘ももたずに」は、解説の価値もない。最後のおもしろさは「雨模様」の訳し方だね。ポイントは「前置詞ユニット」にこだわってこの言葉の意味を表現すること。翻訳は創造的行為です。だから、楽しい。

➡ Musashi left his house bravely [**without** an umbrella **under** rainy clouds.]

◉**2019年の人魚の TOEFL の得点は、かろうじて平均点の上だった。**

「2019年の人魚の TOEFL の得点」という日本語は、英語では「TOEFL の得点 ← 人魚の ← 2019年の」という語順になるよ。典型的な逆転モードだね。←印の部分には前置詞が入る。これをメンタルのレベルでやると、普通は15秒から20秒かかり、けっこうつらい作業になる。実際に声に出してやってもらうと、自分でそれがわかる。逆転のリアリティーを実感できる。

➡ [The TOEFL score **of** the mermaid **in** 2019] was critically [**above** the average.]

◉そのホテルのパーティーで、シンデレラに会うまで、彼女をよく知らなかった。

　解説するべきところがない。あった！「会う**まで**」の「**まで**」。「まで」は until を使う場合と by を使う場合があり、厳密に使い分ける必要がある。時間的な流れがずう〜っと続いているニュアンスを出す場合が until で、そのときまでの時間の流れがない場合が by。You can stay here **until** lunch time. / Come back **by** 10:00p.m.　by を使うと、時間的な期限、限界をあらわす。

➡ I didn't know Cinderella well [**until** my encounter **with** her **at** the hotel party.]

◉サクラは、大学のチアリーダーのサークルに入っていました。

　『NARUTO ―ナルト―』に出てくるサクラのつもり。NARUTO は、ボクの愛読書！　フィリピンでは、circle という言葉は使っていなかった。organization だった。「大学の」は、「大学時代に」と表現してもいいはず。「大学時代」は、ゆったりとした時間の流れだから、前置詞は何にする？　一番難しいのは「サクラは、入っていた」の処理だろうね。be 動詞使っちゃえ！　そうしたら、be 動詞の直後に前置詞ユニットを置けるからさ！　これで、できた！

➡ Sakura was [**in** a cheerleading organization **during** her college days.]

◉太郎は月で、東京の花子に、「元気？」と言いました。

　この文は、「太郎は、言った」にすぎません。ですから、それを真っ先に口にしてしまいます。あとは、そのあとで考えます。said の目的語は、「元気?」です。「東京の花子」は Hanako **in** Tokyo に決まっています。in を of にしたら、花子は「東京都知事かしら」いう疑問すらわきます。of はナンセンスです。「月**で**言った」ということは、「月**から**言った」わけでしょう?　要所はすべて前置詞で処理する。

➡ Taro said "Hello!" [**from** the Moon **to** Hanako **in** Tokyo.]

前置詞で話してみる STEP 2：黄帯レベル

◉ピアノを弾きそうなあの長い指のあの娘、誰？

　文の核心部分は、「あの娘、誰？」だから、文頭はWho is 〜?　しかない。あとは娘の様子を前置詞ユニットで、the girl の後ろから足してゆく。逆転モードを知らなきゃ、英語は話せない。「長い指の」ってことは、その娘に長い指が「くっついている」ことにならない？　だったら、with の出番でしょう。「ピアノを弾きそうな」の「〜そうな」なんて日本語、あいまいすぎる。無理だと思ったら捨てちゃう。

➡ Who is [the girl **with** long fingers **for** playing piano?]

◉日差しが強いから、サングラスをもっていきなよ。

　これ、命令文にしちゃったほうが簡単じゃない？　表現で足りない部分はボディーランゲージや、声色や、顔の表情で補うのが英語なんだからさ。そういう一瞬の決断力がなきゃ、英語は使いこなせない。日本語のあいまいな部分をきちんと出そうとするのが素人。プロはどんどん捨てたり、省略する。ポイントは、「日差しが強いから」って部分かな。用意した解答はすごくシンプルだよ。この程度もあり。

➡ You, go out [**with** sunglasses **under** this strong sunshine.]

◉ AKB48と違う乃木坂46のよさ、教えてくれない？

　文の骨格は、「よさを、教えて」だね。まずこれをつかむ。具体的には「乃木坂46のよさ」。それが「AKB48のよさ」と違うわけです。ここは

different from 〜という表現を使うと、両者を関係づけることができる。ただし、このような処理法は、本書では説明していない。チラッと、本シリーズの第2巻『ひっくり返せば、英語は話せる』で露見させておいた。くわしくは、このシリーズの第4巻で説明する予定なので、楽しみにしていてほしい。

→ Tell me [the good point **of** Nogizaka 46 different **from** AKB 48?]

◉**翔平君は、試合の疲れを、バスの仮眠で解決しました。**

　前置詞で処理すべき部分は「疲れを、仮眠で」だね。つまり、目的語の処理。ここにいろいろ修飾語がかかわってくる。Mr. Shohei solved 〜と言い切ったあと、どうするかだ。「疲れを←試合からくる」、「仮眠で←バスの中での」と前置詞ユニットでやると、君も「解決」できる。「仮眠で」は手段をあらわしている具格、instrumental と理解する。だったら with か by でいける。

→ Mr. Shohei solved [his fatigue **from** the game **with** a nap **in** a bus.]

◉**ポパイはブルートと闘うとき、なぜホウレン草が必要なのかを知っていた。**

　ブルートは当初、英語で Brutus ともいわれていた。手強いイメージ。against の使い方はぜひ知っていてほしい。抵抗のある対象に力をもってそれに向かってゆくときに against を使う。向かい風に向かってゴルフのクラブを振るのをアゲインストというでしょ。ゴルフボールはその向かい風の抵抗に反発しながら前方に飛んでゆく。それが against。物理的にも、心理的にも、状況的にも使う。

➡ Popeye knew the reason why he needed spinach [**for** fighting **against** Brutus.]

◉ナルトは休憩が終わっても、コーヒーを飲みながら、サクラの噂話に興じていた。

　文の骨格は「ナルトは、噂話に、興じていた」。これさえつかめば、もう訳せたのと同じ。「興じていた」をどう訳すかで悩むはず。しかし悩む必要はない。「話していた」で十分。休憩のあとまで話していたら、それは興じていたことになるから。あとは時間と空間の状況を飾っているだけだから、前置詞で処理できる。「終わっても」は、「終わった**あとも**」だろうし、「コーヒー飲み**ながら**」は、どうにでもなる。

➡ Naruto was talking [**about** rumors **on** Sakura **over** a cup of coffee even **after** the break time.]

◉両者は同等の条件で契約書にサインした。

　日本語では、「両者は、サインした」という単純な文。前置詞がからむのは「同等の条件で」という部分のみ。あとはまかせる。契約で「条件」という場合、term と condition がある。どちらも「条件」と訳せるのでやっかいだが、term の場合は期限をふくむ条件。condition の場合は、期限に関係なく一般的な諸条件がイメージされる。condition は「条件」の意味で使われることが非常に多い。

➡ The both parties signed the contract [**under** the conditions **of** equal partnership.]

◉地球に汚染をばらまかない持続可能な新エネルギーを、みんなが求めている。

　文の骨格は「みんなが求めている、〜を」だよね。「持続可能エネルギー」なんて言葉はすぐに英語で言えるようにしておいてほしい。それが「汚染をばらまかない」って形容詞句で飾られるわけでしょう？　しかも後ろからね。「〜を求めている」は seek で処理してみて。そうしたら、seek の後ろにおなじみの前置詞が出てくるよ。

➡ Everyone is seeking [**for** new sustainable energy **without** spreading pollution **on** the earth.]

前置詞で話してみる STEP 3：茶帯レベル

◉**秀吉は、母親のメッセージを携帯で受け取りました。**

　この文は、「秀吉は、受け取った」にすぎません。まず、これを見抜きます。これを見抜けば、50％は英訳完了です。あとは動詞のあとの目的語の処理だけです。「母親のメッセージを」と「携帯で」を、前置詞ユニットで処理します。「母親**の**メッセージ」を of で処理するのはやめましょう。そのメッセージは「母親**から**来た」のですから。どこへ？　**on** his cellphone です。なぜなら、そのメッセージは携帯電話という構造物に着信したのですから。

➡ Hideyoshi got [a message **on** his cellphone **from** his mother.]

◉**海の底の竜宮城の乙姫様は、色とりどりの魚たちの踊りで、浦島太郎をもてなした。**

　「海の底の竜宮城の乙姫様」は、わざとこういう表現にしてある。つまり修飾関係をきちんと処理してほしいということ。彼女は竜宮城にいて、その竜宮城は海の底にあるんだ。その彼女が浦島太郎をもてなした。どうやって？　もちろん具格でさ。つまり種々の色が**くっついている**魚の踊りという手段で。

➡ [Otohime-sama **in** the Dragon Palace **under** the sea] treated Taro Urashima **with** her colorful fish dance.

◉**弘法大師は弟子に、聖書の一節を語りました。**

　構文は SVO。「弘法大師は、語りました」なんだから。何を？　そこが処

理の対象になる。「聖書の一節」、ここを「弟子に」に先行させて処理する。「聖書の一節」も、これまた「聖書からの一節」と見抜かなければいけません。「**の**」はつねにくせものです。「弟子に」は対格だから、to か for。to にしたら弘法大師は冷たくきびしい僧侶、for にしたらやさしいお坊さんになる。

➡ Kobo-Daishi mentioned [a verse **from** the Bible **to** his disciplines.]

◉白鵬は、顔になんの表情も浮かべずに、黙って立っていた。

　訳で頭を使うべき部分は「顔になんの表情も浮かべずに」だよね、ここを「白鵬は立っていた」の直後に置いて飾ってやればいい。ここはまさに前置詞ユニットの技量が試される部分。「なんの表情も浮かべずに」って表現、これ「欠落」でしょ?　それがわかったらほぼ正解。あとは「顔に」と、「黙って」をどう前置詞で表現するかだけ。これができたら、けっこう、力がついてきているといえるよ。

➡ Hakuho was standing [**with/in** silence **without** any emotion **on** his face.]

◉裕次郎もカメラの前で、指にタバコをはさんだまま、立っていた。

　裕次郎も立っていたのかよ!　なんなの?　まあ、いい。これ、指にタバコが「**くっついて**」いない?　どんなふうに?　普通、2本の指の間にタバコをはさむんじゃなかったっけ?　もう、ほとんど正解を言っているようなものだよね。このへんの処理は、「カメラの前で、立っていた」を済ませてからのほうが自然だね。

➡ Yujiro was also standing [**in front of** the camera **with** a cigarette **between** his fingers.]

◉**地味なドレスを着た女性たちの中で、赤いドレスのレディー・ガガは、簡単に見つけられた。**

　主語は I にしちゃえばいいじゃん。「見つけられた」って日本語にだまされちゃダメ。「赤いドレス」で「見つけた」わけ。つまり「赤いドレス」を道具・具格にしちゃう。彼女は地味な服を着た女性たちの中にいたんだから、その空間的位置は among しかない。ほかの女性たちも地味なドレスという、体を包む「一定の制限の幅の中」にいたわけだから、in でいける。もちろん with でも OK だけど。

➡ I spotted Lady Gaga easily [**by** her red dress **among** other girls **in** plain dresses.]

◉**予算を使い切るために、会計年度の終わり頃になると、道路の補修が始まる。**

　何を主語にするか、これが一番難しいね。「予算を～」は付帯条件、「会計年度の～」だって時に関する付帯条件。つまりどうでもいい部分。とすれば「道路の補修が始まる」を主節にするしかない。一般動詞を使う？　それとも be 動詞を使う？　こういう場合は、どっちが前置詞で表現しやすいかで決める。時制をどうするかも、この日本語は難しいね。あとは、まかせた。がんばって！

➡ Many roads will be [**under** repair **before** the end **of** the fiscal year] to consume the budget **of** the year.

◉いつからいつまで、どこからどこまで、そして誰と、何のためにか教えて。

　こういう表現、しょっちゅう使う。疑問副詞は名詞としても使えるんだ。つまり、前置詞と一緒に使える。ただし前置詞と一緒に使うと、疑問副詞は疑問代名詞という理解になるけどね。whom は会話ではほとんど使わない。こういう使い方だけ。for what は言い方一つで、意味が全然違ってくる。突き放したように言えばケンカを売っていることになる。Can I visit you again? 言われたほうが For what? と答えたとすれば、この場合、「来るな!」と言っていることになる。

➡ Tell me [**from** when **to** when,] [**from** where **to** where,] [**with** whom] and [**for** what.]

◉来月から給料は現金じゃなくて、ビットコインで払われます、いいかしら?

　文の骨格は「君の給料は、払われる」だよ。そのあとは、「～でじゃなくて、～でだよ」となる。どうしても not～but～の構文は思い出さなきゃ処理できない。でもそこに、具格、instrumental を被せてやらなけりゃいけない。だって、現金という手段ではなく、ビットコインという手段で、といっているんだから。そこを前置詞で処理する。こんな冗談、そのうち、本当になるかも?

➡ Your salary will be paid [**not by** cash **but by** Bitcoin **from** next month,] OK?

| 黄金のコラム | 英語と哲学のニューウェーブ 1

嗅覚から気づいた、
日本語の形容詞

　日本を飛び立つ飛行機はすべて、日本の空気を機内に閉じ込めフィリピンへ運びます。飛行機のドアが開けられ、乗客が一歩通路へ出ると、いきなり全身を襲うのが南国の熱風と、鼻腔(びこう)に流れ込んでくる「饐(す)えたにおい」です。気温が年中28度を下らない南国では、食物はすぐに腐敗します。そのため、ゴミや残飯や水分をふくむあらゆるものが放置すると同時に腐りはじめます。「腐敗」のことを英語では decomposition といいますが、この言葉は分子構造の「分解」が臭気の源だと正確に教えてくれます。南国特有のムッと気圧(けお)してくる酸っぱい臭気は、ある意味、フィリピンそのものでした。

　嗅覚を通したとまどいは、フィリピン滞在中、波状的に襲ってきます。一番大きな衝撃は、ペソ紙幣が放つ腐敗臭です。不潔で、しわくちゃで、湿ってさえいるペソ紙幣は嫌悪の象徴であり、ちょっとふれるだけで、指から手の平全体に雑菌が広がる恐怖感をもたらします。尻のポケットに押し入れた財布は体表面の汗を存分に吸い込み、中の紙幣をも汗で湿らせます。そんな紙幣は何千人何万人と人を介し、湿った財布の中から中へと旅をしつづけますから、悪臭の温床となっているわけです。紙幣にふれずに旅することなど不可能ですから、この懊悩(おうのう)は神経症をも誘発します。でも、人間とは不思議なものです。帰国すると、使い切れずに財布に残っているペソ紙幣を取り出して、そっと鼻に近づけ、そのにおいをかいでフィリピンを懐かしむのも事実でした。

でも、においの話は、そんなノスタルジックな話では終わりません。炎天下の直射光で自然発火し、広大な地域全体が白い煙を発生させている「スモーキーマウンテン」と呼ばれるゴミ山を見にいったときのことでした。車を降りたとたん、嘔吐の寸前までいきました。その場の腐敗臭は、鼻腔どころでなく、胃壁も直撃します。呼吸そのものが恐怖でした。饐えた、腐った、酸っぱい、悪臭の、吐き気をもよおす等々、無数の形容が空転し、すべてが無力でした。一切の形容を超えたその場の攻撃的な悪臭は、波のように嘔吐を促しつづけますが、逃げられません。一秒たりともそこにいられないと感じますが、臭気は時間の猶予をくれません。そんな悪臭があることを、そのとき、その場ではじめて知りました。一番驚いた事実は、日本語の単語にその臭気を形容できる言葉がなかったことでした。日本語自体が無力だと痛感しました。そういう現実があるのです。わたしたち日本人は、母語に包まれながら、すでに天界に住んでいます。

| 黄金のコラム | 英語と哲学のニューウェーブ ②

とろける空気と、
クリスタルな空気

　太平洋戦争開戦まもなく、日本軍によってフィリピン群島を追い出されたマッカーサーが、終戦の前年、大艦隊を率いて反転攻勢をかけてきたのがレイテ島です。同島における激戦の様子は、大岡昇平著『レイテ戦記』にあるとおりです。若い頃、その島の空港に降り立ちました。空港からトライシクル（乗合タクシー・三輪車タクシー）を駆ってタクロ

バン市内に向かっていました。海岸線のココナツ林を右手に見ながら、風に吹かれ疾走していました。最高の爽快感です。しかし快感はそれだけではなかったのです。

　フィリピンはルソン島のある北部、ミンダナオ島のある南部、そして中間地域のビサヤ地方に分けられます。ビサヤ地方にはセブ島、レイテ島、パナイ島など無数の島々が海面に散らばり、まさに島嶼部を形成しています。そこはルソン島よりはるかに暑く、人々の気質も違います。ビサヤ人は明日をわずらうことをせず、したがって「宵越しの銭」はもちません。みな明日への備えをしないので、マニラの人間は、そういうビサヤ人を見下しバカにさえします。

　それほどの気質の違いがどこから来るのか、熱風に吹かれていてすぐに理解できました。意識が遠のいてゆくのです。意識がどんどん希薄になり、思考が集中力を失い、身体も熱風にとけてゆくのです。空気自体がとけていて、「とろけるチーズ」のようでした。そんな空気の中で、人間は意識など保てません。時間の観念が消えてゆくからです。あるのは「今」だけ。明日をわずらうことは不可能なのです。南国の熱風は、空気をとろかし、人間から集中力を奪い、時間観念まで消し去ります。

　ルソン島北部のラワグ市へ行ったときのことです。ラワグ市は、20年間独裁を続けた故マルコス大統領の出身地です。その地方の人々は勤勉で、倹約家で、辛苦に耐える力をもっています。貯蓄を好み、堅実な人生を歩みます。その街に入ったとき、空気感が違っていました。風がさわやかで、気温も高くなく、空気が微小な粒子状でクリスタルでした。

何より驚いたのは、空気の中に明日が見えたことでした。思考が鈍磨しないのです。明日を意識しないで生きることなど不可能でした。ビサヤの熱風とのあまりの違いに驚きました。どうも、人間が原因ではないようです。環境、とりわけ空気、気温の違いがすべてを変え、時間観念まで変えていたのを体感しました。物質文明は温帯にあります。しかしその文明は今断末魔。近未来、地軸がひっくりかえるなら、次に人類を引っ張るのは南国の人々かもしれません。

| 黄金のコラム | 英語と哲学のニューウェーブ ③

性善説と性悪説

　性善説、性悪説という概念を端的に言い表す言葉は英語にはありません。それもそのはず、この両語は中国由来だからです。性善説は孟子がとなえた人間観で、性悪説は荀子がとなえた説らしいです。この2つの言葉を英語や英語を生んだ背景に持ち込みながら、「今」を考えてみましょう。

　日本という国はたぐいまれな性善説の国で、日本人は誰もが人間は善なる存在だと信じています。「善人なおもて往生をとぐ、いわんや悪人をや」という親鸞の思想は、人間の本質に「悪」を認めない高潔な決意表明です。これはまさに思想です。一方、西洋、とりわけキリスト教は性悪説のようです。なぜなら、人間はみな「罪人」で、人類は「原罪」を背負っていると考えるからです。この「罪」が、「善」と同じ範疇にないことは明らかです。つまり、西洋人の観念の中では、人間はもとも

と「悪」なのです。

　フィリピンは英語の国で、社会構造も法体系もアメリカがつくりあげた国なので、フィリピンが西洋的な国であることは間違いありません。そのフィリピンはどっちだといわれたら、即座に、フィリピンは性悪説だと断言できます。都会のビルを出入りするには、必ず、バッグの中までチェックされますし、買い物をしても、二重、三重のチェックが待っています。自分が金を払って買った物まで、店の出口で疑われます。すべての建物が、厳密に出口と入り口を分けていますが、それは、店なら万引きを防ぐため、オフィスビルなら室内の備品の盗難を防ぐためで、客も社員も訪問者も、最初から疑われています。公共料金の支払いとて最初から不払いが前提されていて、その被害額は事前に通常料金に課金されています。

　人間の本質は「善」だと直観する日本人の素直な感覚は、「今」の時代にあってはすでに愚弄されているようです。コロナ以降増えつづける日本の犯罪が、それを証明しています。しかし、巷の犯罪だけが「悪」でしょうか。新型コロナウイルスが「事故」で世界に広がる前に、「イベント201」なる会議がNYで開催されました。そして、そこでワクチンの世界供給が合意されました。この時系列上の矛盾は、コロナが「事故」ではなかったことを雄弁に証明していますが、この事実を報道しないマスメディアは、「悪」ではないのでしょうか？　またそこで働く人々こそ「悪」を流しつづけている張本人ですが、その彼らは、「悪」ではないのでしょうか。彼らは自分の行為を自覚しているのでしょうか。人間は「善」か「悪」かという問いは、「今」の時代にあって無意味な

問いのようです。人間が自己と向き合い、自己が、自己を、どちらかに決する現実そのもののようです。

黄金のコラム｜英語と哲学のニューウェーブ 4

Can I get 〜？
Can you give me 〜？

　give と get の使い方は、自分が若い頃、松本道弘氏の『give と get』にインスパイアーされて以来、長い時間をかけて磨き上げてきたスキルです。これが海外での英語サバイバルにどれほど役に立ったかは、言葉ではとても言いあらわせないほどですが、ここで、ちょっとその一端を紹介します。まず、英語は豪胆な神経がなくては使いこなせません。相手のことを考えるより、どれだけ自分の欲求や、要求や、あるいは願望が切実であるかが自覚されていなければなりません。いい意味での自己中心的な感覚が必要なのですが、まず、それがあっての話と思ってください。give と get は can と一体で使うと、破壊力や突破力が倍加します。

　Can you give me your understanding?　なんのことか、わかりますか？　前後関係がないので、すぐには意味がわからないと思いますが、直訳は「君は、君の理解を、オレに与えられるか？」です。なんか恩着せがましい、相手の心にズカズカ土足で踏み込んでゆくような身勝手な感じがしませんか。そのとおりです。そういうニュアンスが歴然とあることを承知で使うのです。どういうふうに使うかというと、取材で困難にぶつかったときとか、あるいはビジネスでなんらかの壁にぶつかった

ときに、その障害を取り除くために、担当者などに、こうあからさまに頼み込むのです。もちろん、顔には満面の笑みをたたえつつ、アクセントやイントネーションに自分の真剣な気持ちを100パーセントのせて、強く頼み込むのです。これをわかりやすく訳すと、「なんとか、わかってくれない？」です。趣旨は説明してありますし、相手は人間ですから、必ず通じます。いえ、通じさせます。

　これをもっと強烈にする場合には、Can you give me your arrangement?　とやります。バズーカ砲がジャベリンやスティンガーに変わります（威力を増す・グレードアップする）。arrangementとは、その担当者がもっている権限を指していますので、「君のその権限を使って、なんとかしてくれよ！」と伝えるのです。これも、スマイルが言葉以上に重要ですが、それを踏まえてこう言うのです。こういう表現が、「意味がわからん」と拒絶されたり、意味を問われたりしたことは一度もありません。フィリピン人は、give と get の使い方を熟知していますから、一発で、正確に伝わります。こういう表現は、無数の取材現場やビジネス現場をこなす中で自然に結晶してきたもので、自分でつくりだした表現です。自分でも厚かましすぎると感じる程度の直截的な表現（ためらわず、きっぱり言う）が、英語では、相手によく通じます。これが英語ですし、英語の感覚です。

海外での病気、入院あれこれ

海外生活を予定している人や、長期の海外旅行を予定している人は、自分一人で外国の病院へ行って、自分の病状を英語で説明できるようにしておかなければなりません。それは自己責任の一部です。誰かに甘えることなどできません。

フィリピンの医療制度は完全にアメリカスタイルですから、今から書くことはアメリカでも役立つはずですが、一応、フィリピンの話として書きます。フィリピンでは日本のような国民皆保険制度がないので、お金がなければ死ぬしかありません。死んでも、お金がなかったことには誰も同情してくれません。救急患者で病院へ行っても、まず一定のお金をデポ（保証金を入れること）しないと、診察も入院も始まりません。入院中でも定期的に支払いが発生し、それができなければ途中で放り出されます。レベルの低い総合病院では、医者が患者にこの薬を買ってこいと言って処方箋を出し、患者の家族が街中の薬局を走り回って薬を手に入れてくるということは、庶民レベルの話としては常識でした。さすがに、外国人が入院するようなレベルの病院では、それはありません。

ということは、地元の住民と外国人では、医療で請求される費用が違います。外国人は現地の庶民よりきちんと高い費用が請求されます。本当です。日本人の理屈からは「人間の命は同じだろう！」と反発したくなりますが、フィリピンでは「それは違う」と断言されます。フィリピ

ンでは、腕のいい医者ほど、スパッと病気を治してくれます。そしてや
さしく親切です。ですから不愛想な顔をして、患者を薬漬けにすること
はありません。糖尿病も薬漬けにする病気ではなく、薬で治す病気です。

　フィリピンの医療関係者はみな、頭のよさそうな顔をしています。実
際頭がいいです。日本人と変わりません。特にレベルの高い総合病院で
は、女性看護師はみな美人ぞろいですから、冗談半分に、「あの病院に
入院したいなァ〜」と、まわりに言っていました。と突然、デング熱で、
その病院に１週間入院となりました。退院時には体重が10キロ減って
いましたし、費用は数十万円でした。それ以来、バカな冗談は言わない
ことにしました。海外では、お金の次に、話す英語の力が自分の命を守
ります。「英語は、読めるけど〜」などと言っても、笑われて終わりで
す。

| 黄金のコラム | 英語と哲学のニューウェーブ ⑥

Please, leave your arm

　マニラ湾沿いのある銀行へ行ったときのことです。そこへ入ると、い
きなり次の掲示が目に飛び込んできました。Please, leave your arm
at the counter. 目が、一瞬点になりました。が、頭がすぐに arm の
意味を検索しました。「お前の腕を置いてゆけ」ではなく、「武器は預け
てください」の意味でした。フィリピンでは、登録すれば銃の携行が可
能なのです。

しかし、そもそも「腕＝武器」なのです。ポパイの前腕部が、異常に肥大した筋肉の塊になっていたのを思い出してください。その腕こそは宿敵ブルートを打ちのめすための武器でした。英語で light arm と言えば軽火器・ピストルのこと。人間は原始時代から腕で戦ってきたのです。ボクシングを思い出してください。ポパイの両腕はそれをみごとに語っています。ところで、彼の腕にはイカリ（錨）のイレズミが入っています。なぜでしょう？　ポパイはイギリスからメイフラワー号でやってきた清教徒の象徴のようです。つまり、ポパイ・ザ・セイラーマンは、「オレたち、海を越えて新天地へやってきた開拓者だぜ！」と、アメリカ人に自分らのルーツを思い出させるキャラクターだったことになります。

　ポパイの宿敵ブルートは、なぜブルートなのでしょう。ブルートは brutal（野蛮な）を連想させる名前です。野蛮人は殴り倒していい存在なのです。なぜポパイとブルートはいつもケンカしていたのでしょう？それは永遠のマドンナ、オリーブを得るためでした。二人は美女を奪い合う恋敵だったわけです。しかし、美女の名前はなんでオリーブなのでしょう。オリーブは西洋人にとって自然の象徴です。つまり、新天地アメリカ大陸の大自然そのもの、大地そのものです。見えてきましたね。ポパイの宿敵ブルートは、もともとアメリカ大陸に住んでいたアメリカ・インディアンの象徴でした。

　ポパイとブルートはオリーブつまり北米の土地や自然の所有権をめぐって戦いつづけましたが、どっちかというと、ポパイは劣勢でした。それで彼が最後に頼りにしたのが「ホウレン草」でした。それさえ食べた

ら、もうブルートは敵ではありませんでした。ところで「ホウレン草」は何の象徴？　決まっているでしょう！　彼らが信じていた「信仰」です。いくら彼らでも、人の物を暴力で奪うときは「神様」を理由にしなきゃ、それはできなかったのです。arm 一語からでも米国史が見えてきます。西洋史も丸ごと見えてきます。

分離、離反の of もある

　少し英語がわかってきはじめると、気になってしかたなくなる語があります。それが前置詞 of です。それは以下のような文に出合うときです。「所有や所属の反対じゃないか！」「どういうことだよ！」と怒りさえわいてくるのです。

I gave her money to quit **of** her.

　　　　　　彼女に手切れ金を渡した → **離反**

I was robbed **of** my wallet.

　　　　　　財布を盗まれた → 財布が**離れた**

If you don't get out **of** my house, 〜〜

　　　　　　家から出ていかないと〜 → **離れろ**

　このような of の使い方は「**分離**」や「**離反**」にあたり、「**所属**」を意味する of の使い方の真逆になっています。of の分離の観念がピ〜ンときていなかった頃、これにはそうとうイライラさせられました。「なん

でなんだ！」といつも心の中で叫んでいました。

　実は前置詞 of のルーツは、前置詞 off なのです。つまり、of は off から生まれた語ですから、of はそのルーツである off の意味を引きずっていて、それがときどき顔を出すのです。というか、off の名残を残した表現が少し残っているのです。それが上記のような of の使い方です。off はいうまでもなく、「分離、離反」を表す前置詞で、to get **off** a taxi などのように、句動詞として使うことが多いです。get off はもちろん「〜から降りる」の定番ですし、off Limits Area（立入禁止区域）などもなじみのある表現ですよね。これらの使い方が、次のような表現に引き継がれています。

Foods made **of** milk　牛乳**から**できている食品
The furniture made **of** wood　　木**から**できている家具

　このような of の使い方は、of を off に変えて読んでみると、すぐに意味が通じます。これらの of は ［of ＝ off］ の使い方の典型です。こういうわけで「**所有・所属の of**」が、ときとして「**分離・離反の of**」に変貌している場合がありますので注意してください。

| 黄金のコラム | 英語と哲学のニューウェーブ (8)

「マイナンバー」だけは、勘弁してくれ！

　和製英語には変な言葉がたくさんあります。海外に住んでいて和製英

語を耳にすると、「なんでそうなるの？」というような、不思議な違和感に襲われます。その典型がマイカーでしょう。マイカーという言葉を使う場合は、駐車場にたくさん車が並んでいて、友人に「君の車は、どの車？」ときかれたときに、1台を指さして This is my car. とやるのが正解です。自家用車の意味では、private vehicle とか private car を使わなければいけません。「彼は私の友人です」も、He is my friend. より He is a friend of mine. が正解であることは、日本在住の英語ネイティブに指摘されて久しいですよね。

「マイ〜」は、日本人にとって、どうも鬼門のようです。その代表がマイナンバー。これはいただけません。英語音痴丸出しの言葉です。いったい、政府の有識者会議にはどの程度の有識者が集まっていたんだろうと、不思議に思うばかりです。これは、海外では PIN（Personal Identification Number）が常識です。日本語にすると、個人識別番号です。こんな重大な行政システムを代行する番号を、「マイナンバー」などという概念不明の言葉にする感覚がわかりません。概念があいまいなら、どんどん悪用されます。「マイナンバー」という言葉自体が危険なのです。せっかく、横行する保険証の不正使用や使い回しをなくすために導入された制度なのに、概念自体がこんにゃくみたいにグニャグニャしていては、用を成さないでしょう。こういうあいまいな名称を許した背景は、間違いなく政治的駆け引きです。PIN ＝個人識別番号であれば当然実名オンリー。「実名」に「通名」併記という現実自体が闇を証しています。そもそも「通名」では本人を確認できません。行政システムからは「通名」を完全に排除すべきです。

日本民族は、どうしても徹底した思考ができない民族のようです。西洋文明は「分離」の原理を徹底して発展してきました。ましてや自然科学や技術を支えているのは「分離」の発想です。その科学技術の最先端で「個」を守り、公正と不正を分離し、本物と偽物を分離する根本システムをつくろうとしているはずなのに、どうしてこんないい加減な用語を許すのでしょう。こういう言葉は英語にしてはダメです。「個人識別番号」と日本語にすべきです。そうすれば概念がいきなり確定し、不正や嘘を排除する有力な国民的ツールになります。日本人の思考はいつも底が抜けます。思考から論理が消えるからです。それは、民族の知力の限界をさらけだしています。嗚呼<ruby>嗚呼<rt>ああ</rt></ruby>！

黄金のコラム｜英語と哲学のニューウェーブ（9）

It happened in India, actually!

Okay, I will tell you my experience that happened in India, actually.

It was a very strange experience.
This experience happened in India more than forty years ago.
I was twenty-three years old, a college boy.
It was just after arriving in the Calcutta International Airport.
I was in a taxi heading for the city proper.

I was sitting on a backseat in the taxi.

I was watching outside through the windows.

Trees and those leaves on both sides were flaming up with thick green color.

The road was, oh my ---, flaming up too, in red color!

The contrast of the colors, the green and red, was so striking to my eyes!

Suddenly, something, like an iron hammer, hit the back of my head, strongly.

It was, actually, really a shock or impact that hit my head.

Then, a view, it was projected from my forehead forward.

An image like a Buddhist monk, a young Indian boy, who was wearing an orange cloth for religious life, came into my eyes!

He was floating in the air, outside of the windshield of the car.

The boy **is looking** down at me in the car!

Who **is** this?

Who **is** this Indian boy with black skin?

I **think** in my head.

No idea **comes**.

But ---, wait, wait, his eyes **are saying** something to me.

Really ---?

He ---, **is** ---.

He ---, **is** ---, me?

Yes! He **is** me as a person who was born in India as an Indian, a long time ago!

It might be over one thousand years ago or more than that.

I got everything.

No evidence was necessary.

It was a fact.

He **is**, surely, me!

Then, ---, after that moment, he disappeared!

　和訳はあえてつけません。すべて本当のできごとです。今でも鮮明に
おぼえています。空想でこういう話はつくれませんよ。文章全体の時制
表現の変化に注意してこの英語を味読してください。この文章には、そ
の瞬間瞬間の筆者の心の動きや変化が、時制の違いに正確に投影されて
います。

| 黄金のコラム | 英語と哲学のニューウェーブ ⑩

ご注文は、チーズバーガーで よろしかったでしょうか？

　このコラムは、前記のインドの体験を記した英文を受けて書かれます。
前のコラムの内容は、日本語訳で読んだのでは意図が薄れます。だから
和訳はつけませんでした。英文を注意深く味読してください。カルカッ
タ（現コルカタ）空港についたときの回想は、すべて過去形で書かれて
います。40年以上も前の体験なんですから、当然ですよね。でも、不
思議なことが起こり、そのできごとの説明を展開する場面では、動詞が
現在形に変わります。そこに注目してほしいので、意識的に動詞を太字
にしました。その太字の現在形を意識しながら読んでください。これは

実体験ですから、筋の展開は読み手の想像力を間違いなく刺激し、起こった情景をありありと想像させる力をもっているはずです。さあ、その喚起される想像が、過去形と現在形でどんな違いを生むか、それを注意深く確かめるようにして読んでほしいのです。

　話は飛びます。まだマニラにいたときのことです。日本のNHKのTV番組だったと思います。それを自宅の居間で見ていました。その内容は、「最近、変な日本語がはびこっている。たとえば、ファストフード店へ行って、チーズバーガーを注文すると、店員は、目の前の客に向かって『ご注文は、チーズバーガーでよろしかっ**た**でしょうか？』と、なぜか過去形で注文を復唱する。これは正しい日本語か、それとも変な日本語か？」という番組でした。言葉の問題にはとりわけ敏感なボクは、すぐに、これはおもしろい問題提起だと思いました。この問題意識と、インドの英文コラムで提起した問題は直結しています。

　過去はもう存在しないのです。だから、過去で表現されることはインパクトが弱いのです。しかし、インドの体験を記した太字で書かれた部分は現在形でしたから、読んでいる人はみな、あたかも自分がその場にいて、自分が体験しているかのような臨場感を感じませんでしたか？　感じた人はすでに英語を味読する力をもった人です。つまり、それが現在形の意味であり、現在形のイメージ喚起力なのです。簡単にいえば、現在形はインパクトが強いのです。だからこそ、ファストフード店の店員は、客に現在形で注文を復唱せずに、やんわりと、一歩引くような感じで、過去形で復唱するわけです。その日本語は変ではありません。高度な時制の運用法です。

同じ配慮が、英語の場合、would や could を使った曖昧表現に化けます。Can you ～ ？　と現在形で迫るより、Could you ～ ？　と過去形でいけば、柔らかい配慮ある表現に変わるわけです。人間の言葉を使う心の機微は、普遍的なもののようです。

引 用 文 献

『思い出のカラオケ名曲 1000』　日本文芸社

『俗ラテン語』　ジョセフ・ヘルマン著　新村猛・国原吉之助共訳　白水社

引 用 楽 曲

「男と女のラブゲーム」
歌：日野美歌・葵司朗
作詞：魚住勉
作曲：馬飼野康二

「恋の奴隷」
歌：奥村チヨ
作詞：なかにし礼
作曲：鈴木邦彦

「さそり座の女」
歌：美川憲一
作詞：斎藤律子
作曲：中川博之

「みちのくひとり旅」
歌：山本譲二
作詞：市場馨
作曲：三島大輔

「ふりむけばヨコハマ」
歌：マルシア
作詞：たきのえいじ
作曲：猪俣公章

「お別れ公衆電話」
歌：松山恵子
作詞：藤間哲郎
作曲：袴田宗孝

「女のためいき」
歌：森進一
作詞：吉川静夫
作曲：猪俣公章

「酒は涙か溜息か」
歌：藤山一郎
作詞：高橋掬太郎
作曲：古賀政男

「別れの予感」
歌：テレサ・テン
作詞：荒木とよひさ
作曲：三木たかし

「想い出ぼろぼろ」
歌：内藤やす子
作詞：阿木燿子
作曲：宇崎竜童

「他人の関係」
歌：金井克子
作詞：有馬三恵子
作曲：川口真

「みだれ髪」
歌：美空ひばり
作詞：星野哲郎
作曲：船村徹

「あの鐘を鳴らすのは
あなた」
歌：和田アキ子
作詞：阿久悠
作曲：森田公一

「小指の想い出」
歌：伊東ゆかり
作詞：有馬三恵子
作曲：鈴木淳

あとがき

　前置詞に関し、書くべきことは全部書きました。ですから、今、とても満足しています。

　あとは、本書を読んでくださった方々が、もしまだ英語が思いどおりに話せないなら、本書から得たスキルや発想をどんどん実践で使ってみてほしいと願うだけです。書いたことはすべて自分の体験から結晶したことですから、みなさん一人ひとりの体験の中でも同意してもらえたり、共鳴してもらえたり、確信をもってもらえたりするはずです。目に見えないつながりがすでに生まれていることに喜びを感じます。

　海外生活の楽しさは、ボクは十二分に味わいました。外国人と語り合うことの楽しさも、十二分に満喫しました。ですから、その楽しさを、できるだけ多くの日本人にも味わってほしい、体験してほしいと願うのです。自分の生きる世界を広げることは、とてつもなく愉快です。自分が生きるために、自分の言葉で切りひらいた世界に、しかもその只中にいるときのその痛快さは、とても言葉では言いあらわせません。自分の願っていたまわりの現実から、全身を刺すようにして入ってくる愉悦と充実の感覚、それは何ものにも代えがたいものです。

　日本だけが世界ではありません。一度は、海外へ飛び出してください。今日、英語で開かない扉はありませんから、今は誰でも世界へ飛び出せます。そして、世界でひと暴れしてから母国へ戻ってきてください。そうすれば、間違いなく、自分の国が大好きな国になっています。その実感が世界を平和にします。平和のために、一人ができることは小さいでしょう。でも、一人がすることはとてつもなく大きいともいえます。偉大なことほど、すべて、一人の人間から始まっています。その偉大なことを、今に生きる日本人なら、とりわけ若い人なら、「話す英語」を使って、世界の舞台で実現できるはずです。不可能の壁なんて

どこにもありません。不可能と感じるなら、その人の心の中に自分がつくった壁があるからです。しかし、それが見えたとき、その壁も消えます。

　今、わたしたちのまわりには、否定的な現実が無限にあります。しかし、それを逆手にとって可能性と感じてください。それは今に生きる人間が乗り越えるべき壁なのだと思います。「越えるべき壁」と理解できた瞬間に、その壁は未来の時間軸の中ですでに消えています。なぜなら、未来は今の中にしかないからです。決意した瞬間に違う未来ができています。

　おそらく、現代は、人類がそういう哲学と物理学の融合した新次元に入っていく時代なのだと思います。拝金主義は極限まで来てしまいましたが、人間の脳髄に巣食うこの宿痾を克服する力は、たぶん、こういう物理学と哲学の融合する世界の中にあるはずです。お金に埋もれて死にたい人には、そうさせてあげましょう。宇宙に広がる生命の真相が、そんな安っぽい原理でできているはずが、ないじゃないですか？

　ChatGPT は使い方を間違えると怖いものになりそうです。そして、間違いなく人類は使い方を間違えるでしょう。だって、使う人間の心の中には変わらぬ「宿痾」が宿ったままなのですから。そうなるしかありません。でも、あれはただのオモチャです。これから無限に出てくるオモチャの一つです。たぶん、オモチャにだまされる人間と、だまされない人間に分かれると思います。スマホの翻訳ソフトも、同時翻訳ディスプレイもオモチャです。オモチャにはオモチャが役に立つ領域がありますので、その領域で使われる分にはそれは OK です。でも、ちょっとでも油断すると、オモチャをオモチャでないと錯覚してしまう危険がつねにあります。

　外国の恋人と、スマホ翻訳を介して恋をささやくのですか？　同時翻訳ディスプレイをはさんで、愛を確かめあうのですか？　そういう漫画を、漫画と見抜けない人はそこまでです。

英語の好きな人はそんな罠にははまりません。英語が好きなら、自分の口で英語を話し、自分の頭で前置詞を工夫して使い、一歩一歩英語を自分のものにしていく道のりを楽しむはずです。だって、困難にまさる楽しさなんてないんですから。ですよね？

- 英語は**前置詞で話せる**。
- 前置詞は**イメージで使おう**。
- 「**前置詞ユニット**」は「**格ユニット**」だ。
- 英語の格は、**60格ある**。
- 前置詞＝**格助詞／準格助詞**だ。

　既存の英文法を気にする必要はありません。気にしたら、インドの少年たちに笑われます。

　今シリーズの第4巻『即興で話せる、ネイティブの英語』では、タイトルどおりの秘法を開示します。そして、第5巻『This is a pen は、魔法だった』では、英語を話す困難を、すべて消し去ります。

川村悦郎（かわむら えつろう　ボニー・カワムラ）
北海道出身。熱血が抜けない団塊の世代。
現在：文明批評家、多言語速習国際研究所所長。
経歴：20年間フィリピン滞在、サント・トマス大学（UST）大学院准教授、KS メソッド普及財団理事長。
学歴：UST 大学院博士課程中退、東洋大学大学院修士課程仏教学修了、同大学文学部哲学科卒業。
業績：［日＆英］会話速習メソッド考案。
著書：『神軍の虐殺』（徳間書店）。訳書：『タントラ・ヨーガ瞑想法』『クンダリニーとは何か』（めるくまーる社）。
神奈川県在住。

【IA メソッド英語速習法 公式 HP】

＼読者さま全員プレゼント／
下記 QR コードからアンケートに
答えてくださった方に
英語力アップの秘訣を伝授する
特典をプレゼントします！

IAメソッド英語速習法とは

- このメソッドは、**日本人のための「話す英語」**のメソッドです。
- このメソッドは**海外で考案され**、その効果は、すでに海外で**実証済み**です。
- 考案したのは日本人。巻末の著者紹介を読んでください。
- このメソッドは、**100パーセント・オリジナル**の独創的メソッドです。
- このメソッドは**モード・チェンジ（Mode Change）**を通し、超短期で英語を話させます。
- モード・チェンジとは「言語モード」の切り換えのことです。
- 具体的には「**日本語モード ➡ 英語モード**」への切り換えです。

この変換のためのステップは2段階に分かれます。
それは、Ⅰ．**心理モード（Psychology Mode）**の変換
　　　　　Ⅱ．**文法モード（Grammar Mode）**の変換
文法モードは以下の3種。
　　　　　①**逆転モード（Reverse Mode）**
　　　　　②**拡大モード（Expansion Mode）**
　　　　　③**叙述モード（Description Mode）**

　普通の日本人が一人で海外へ飛び出し、必死に英語の武者修行に励んだとして、このメソッドに匹敵（ひってき）する知識やスキルを獲得するには最低で15年はかかります。つまり、このメソッドで「話す英語」を学ぶことは、15年分の時間とエネルギーとコストの節約になります。

　ですから、既存の英語学習法とは根底から違います。独自の文法用語や文法概念がどんどん飛び出します。既存の英語教育への遠慮はありません。それは、今ある英語教育の変化を願っているからです。これは時代と民族の要請にこたえたものです。以下に、5冊全体の構成を紹介しておきます。これで日本民族は22世紀も生存可能になります。

第1巻：『英語は肉、日本語は米』　　　　副題：心理モードを変えよう！
第2巻：『ひっくり返せば、英語は話せる』　副題：逆転モードを知ろう！
第3巻：『英語は、前置詞で話すもの』　　　副題：前置詞ユニットを使おう！
第4巻：『即興で話せる、ネイティブの英語』　副題：拡大モードで話そう！
第5巻：『This is a pen は、魔法だった』　　副題：叙述モードで突破しよう！

常識を覆す IAメソッド英語速習法

英語を話す人になる！③ 英語は、前置詞で話すもの
前置詞ユニットを使おう！

第一刷 2023年11月30日

著 者　川村悦郎

発行人　石井健資

発行所　株式会社ヒカルランド
　　　　〒162-0821　東京都新宿区津久戸町3-11　TH1ビル6F
　　　　電話 03-6265-0852　　ファックス 03-6265-0853
　　　　http://www.hikaruland.co.jp　　info@hikaruland.co.jp
　　　　振替 00180-8-496587

本文・カバー・製本 —— 中央精版印刷株式会社
DTP —— 株式会社キャップス
編集担当 —— 遠藤美保・小澤祥子

神楽坂 ♥(ハート) 散歩
ヒカルランドパーク

『英語を話す人になる！』出版記念セミナー第２弾のご案内

日本人の、日本人による、話すための英文法！

講師：川村悦郎（文明批評家、多言語速習国際研究所所長）

英文法は、日本人が作ってもいいんだよ！
イギリス人の許可なんか、要らないんだよ！
だって、話すための工夫なんだから！
つまり、頭のなかの処理法なんだから。
明治以来、日本人はここに気づかなかった！

聴けばあなたの英語力が覚醒する！　大人気のセミナーの続編です。
本に書ききれなかった英語上達の秘訣もお伝えします。お得な早割も
あり。奮ってご参加ください！

激動の時代をサバイバルするための英語を学ぼう！

▼お申し込みはこちら

日時：2024年２月10日（土）　開場 12：30　開演 13：00　終了 15：30
参加方法：会場参加または ZOOM 生配信（事後配信あり）
会場：イッテル本屋（ヒカルランドパーク７F）　申込：ヒカルランドパーク
料金：早割（2023年12月31日まで）3,600円、通常6,600円（いずれも税込）

ヒカルランドパーク
JR 飯田橋駅東口または地下鉄 B1 出口（徒歩10分弱）
住所：東京都新宿区津久戸町3−11 飯田橋 TH1ビル 7F
TEL：03−5225−2671（平日11時−17時）
E-mail：info@hikarulandpark.jp　URL：https://hikarulandpark.jp/
Twitter アカウント：@hikarulandpark
ホームページからも予約＆購入できます。

❖ 本書の著者& IA 英語メソッド（旧称：KS Method）の歩みと今後 ❖

デ・ベネシア、フィリピン下院議会元議長を訪問（左側著者）

著者が教鞭をとっていたサント・トマス大学（1611年設立）

理工系の頂点、マプア工科大学での講演（右端著者）

プールのあるクラブハウスで英会話セミナー開催（中央著者）

合宿を終えマニラへ戻る直前のショット。笑顔がすべてを語る

●マニラ首都圏で約10日の集中特訓セミナー。そのあとは、マニラから船で7時間の島へ行き、その島でさらに10日間のフィールドリサーチ。黙っていても英語脳ができあがる。

●たった3週間の英会話ブートキャンプ。日本の大学生達は「話す英語」「話せる英語」という垂涎の武器を手に入れた。そして悠々と大海原へ船出してゆきました。今どうしているか、きっと彼らは本書に気づき、また集まってくるでしょう。

IA 英語メソッドのミッション：①日本民族を「日／英」バイリンガル民族に変えます。②日本人を覇気のある国民に変え、世界平和を英語で語れる国民に変えます。③そのために、日本における「話す英語」教育の先頭に立ちます。④「英語を話せる日本人」を多数育てます。⑤それを指導できる英語教師を多数輩出します。⑥そのための教育コンテンツをどんどん開発します。

IA 英語メソッドの戦略：①各種講演会、短期セミナー、合宿セミナー、海外セミナーを実施します。②英語の先生たちと「新英語研究会（仮称）」を発足させ、日本の英語教育の土壌を変えます。③世界中に IA method のネットワークを広げます。勝ち馬に乗ることを英語では「バンドワゴンに跳び乗る」と言いますが、IA method は、これからの時代の Bandwagon です。

❖ IA 日本語メソッド（旧称：KS Method）の価値と今後 ❖

- IA method は **[日本語⇔英語]** 双方向の語学速習 method です。
- IA 英語メソッドの普及につとめながら、**「IA 日本語メソッド」** の普及にも着手してゆきます。
- IA 日本語メソッドで日本語を学ぶのは、世界中の英語を話せる外国人です。
- IA 日本語メソッドは**英語で日本語を教えます**。ですから、**日本語教師は英語が話せることが絶対条件**です。
- IA 英語メソッドで「話す英語」を身につけると、高学歴者は、**IA メソッド日本語教師**への道も開きます。
- IA 日本語メソッドは、在来の日本語教育法の**10倍のスピード**で日本語を習得させます。
- このパフォーマンスは、IA メソッド日本語教師が、**世界中の大学や教育機関ではたらく道**を拓きます。
- IA method は、語学教育の**革命**です。その効果はすでに海外で実証済み。
- KS メソッド普及財団の在フィリピン時代、このメソッドを一番評価してくれたのが日本の**経済産業省**でした。

IA メソッドで学ぶなら、日本語はたぶん、世界で一番やさしい言葉です

英語を話せる外国人なら、あっという間に、日本語を話せるようになります。

外国人は、日本語を話すと、メンタリティーが変わります。

優しく、穏やかになり、協調的で、攻撃性を消してゆきます。

その日本語を教えるイニシアティブを、日本人が握らないで、誰が握るのですか？

日本語は、人類平和の、おそらく究極のカギです。

そのカギをつかう原理は、IA メソッドのなかに、もっともシンプルな形で結晶しています。

世界の平和を先導するのは、[日／英]双方向語学教授法を身につけた日本人です。

つまり、あなたが、IA メソッドで世界平和の扉を開きます

[日／英] IA メソッドをプロモーションするのは？

株式会社ファーストエレメント

ファーストエレメント社は「健康」「農業」「教育」の３つの分野で、日本や世界が直面する課題を解決し、地球を平和で安全な22世紀に導くコンサルティング企業です。ファーストエレメント社は、以下の３つの研究機関から構成されている高度な頭脳組織です。

１．高濃度水素酸素研究所

22世紀の地球文明を牽引する HHO Gas の日本唯一の研究所。HHO ガスは世間で騒がれている水素ガスとは次元の違うものです。応用分野は多岐にわたりますが、最も顕著な効果を示すのが人間の健康促進です。

２．最先端農法研究所

迫りくる食糧危機を克服する研究所。汚染のない安全な農産物をつくるための種々のプラントを開発しています。短期有機肥料プラント、良質の培土設計、循環型農業技術、HHO Gas ナノバブル水併用農法等。

３．多言語速習国際研究所

IA メソッドを開発する研究所。ここで開発された語学メソッドを組織的に国内・国外に発信するのはファーストエレメント社の任務です。種々のセミナーも同社が企画し実施します。セミナー、講演会、研究会など各種の活動内容はファーストエレメント社ホームページで確認できます。https://www.firstelement.online/　または右の QR コードからも可。

神楽坂 ♥（ハート）散歩
ヒカルランドパーク

【おうちで楽しめる！ 動画配信のご案内】

『英語を話す人になる！』出版記念セミナー第１弾
今だからこそ「話す英語」！ なぜ？

講師：川村悦郎（文明批評家、多言語速習国際研究所所長）

英語で世界を相手にコミュニケーションをとれるようになりたい／マインドセットから根本的に英語力を高めたい／英語教育の革新的メソッドを学びたい／「話す英語」に興味がある…そんなみなさまにご朗報！ 本書著者の川村悦郎さんを講師にお迎えしてのスペシャルセミナーを開催しました！ 意識レベル、心理レベルからの変容を導く驚きのメソッドで、あなたの英語脳を覚醒させましょう！本ではお伝えしきれなかった英語上達の秘訣もお伝えしています。

目からウロコの英語上達法を直接伝授します！

料金：3,600円（税込）
収録時間：約３時間45分　2023年10月15日収録

詳細・ご購入はこちら▶

お問い合わせ：ヒカルランドパーク
TEL：03−5225−2671（平日11時−17時）
URL：https://hikarulandpark.jp/

必読！ ヒカルランドパークメールマガジン !!

ヒカルランドパークでは無料のメールマガジンで皆さまにワクワク☆ドキドキの最新情報をお伝えしております！ キャンセル待ち必須の大人気セミナーの先行告知／メルマガ会員だけの無料セミナーのご案内／ここだけの書籍・グッズの裏話トークなど、お得な内容たっぷり。下記のページから簡単にご登録できますので、ぜひご利用ください！

◀ヒカルランドパークメールマガジンの
登録はこちらから

ヒカルランドの新次元の雑誌 「ハピハピ Hi-Ringo」
読者さま募集中！

ヒカルランドパークの超お役立ちアイテムと、「Hi-Ringo」の量子的オリジナル商品情報が合体！ まさに"他では見られない"ここだけのアイテムや健康情報満載の1冊にリニューアルしました。なんと雑誌自体に「量子加工」を施す前代未聞のおまけ付き☆ 持っているだけで心身が"ととのう"声が寄せられています。巻末には、ヒカルランドの最新書籍がわかる「ブックカタログ」も付いて、とっても充実した内容に進化しました。ご希望の方に無料でお届けしますので、ヒカルランドパークまでお申し込みください。

量子加工済み♪

Vol.4 発行中！

ヒカルランドパーク
メールマガジン＆ハピハピ Hi-Ringo お問い合わせ先
● お電話：03 − 6265 − 0852
● FAX：03 − 6265 − 0853
● e-mail：info@hikarulandpark.jp
• メルマガご希望の方：お名前・メールアドレスをお知らせください。
• ハピハピ Hi-Ringo ご希望の方：お名前・ご住所・お電話番号をお知らせください。

ヒカルランド　好評既刊＆近刊予告！

今こそ「英語を話す人」になる時だ！
全部そろえたくなる「話す英語」のバイブル登場！

常識を覆す IAメソッド英語速習法
英語を話す人になる！

第1巻　英語は肉、日本語は米（心理モードを変えよう！）
第2巻　ひっくり返せば、英語は話せる（逆転モードを知ろう！）
第3巻　英語は、前置詞で話すもの（前置詞ユニットを使おう！）
第4巻　即興で話せる、ネイティブの英語（拡大モードで話そう！）
第5巻　This is a penは、魔法だった（叙述モードで突破しよう！）

著者：川村悦郎
Ａ５ソフト　定価 本体1,800円＋税（各巻とも）
※第5巻は予価。タイトルは変更になる場合があります。